令和版 仏の教え

阿弥陀さまにおまかせして生きる

令和版　仏の教え

阿弥陀さまにおまかせして生きる

西本願寺　第25代門主
大谷光淳

GENTOSHA

お伝えしたいこと～序文にかえて

人間はいつのころから苦しみや悲しみを知ったのでしょうか？　苦しみや悲しみという思いを心に抱き、あるいは生きることの意味を問いはじめたそのときに、後に宗教や哲学といわれるようになる人間の精神的な営みがはじまったのでしょう。

人知を超えた存在に請い願い、また生きることの意味を問い、幸せを求め続けてきたという点で、宗教と哲学とは本来、別々のものではなかったはずです。そして、その営みは、まさに人類の遺産であり叡智《えいち》ともなってきました。

この世界で生きていると、楽しいことやうれしいことばかりではなく、悲しいことや辛《つら》いことが誰にでも間違いなくやってきます。

家族や友人にも相談できず、どうしようもない苦悩にさいなまれ、〝生きている〟ことそのことに耐えられそうにないときもあるでしょう。

あるいは、ふと立ち止まって、生きていることの意味を問うたとき、何ともいえない虚《むな》しさにおそわれることもあります。

そんなとき、本当に大切なことは、人生でどんなに悲しく辛いことがあろうと、いかなる苦難がやってこようと、それに振りまわされることなく生き抜くことです。そこから逃げるのではなく、だからといって強くなって対決するのでもなく、柔軟に向き合い、しなやかに対応していく。ありのままの自分を見つめ、明日からの一歩を踏み出そうとするとき、絶対に揺らぐことのない安心感を与えてくれる。そのような依《よ》りどころを身につけることが必要なのではないでしょうか。

仏教に「摂取不捨《せっしゅふしゃ》」という言葉があります。「摂取」とは、仏さまが自分の懐の中に、慈悲の手の中に摂《おさ》め取って、捨てない、見放さない、ということです。

それは、「どんなに辛く悲しい状況に置かれようとも、私はあなたを決して見放さない」という仏さまからの最強のメッセージです。

地球の引力や磁石の力と同じように、たとえ肉眼には見えなくとも、どんなときにも私たちに注がれている力があるのです。私たちはそんな力のはたらきの中で生きている、生かされている。縁起《えんぎ》や諸行無常《しょぎょうむじょう》というこの世界のありのままの真実に基づく仏さまのメッセージに気づいたとき、自己中心的にしか生きられない私たちも少しずつ生き方を変えられていきます。

仏さまのような完全に清らかな行いはできなくとも、それでも他者の喜びを自らの喜びとし、他者の苦しみを自らの苦しみとする仏さまのお心にかなう生き方へと変えられていくのです。

本書は、これまで仏教や浄土真宗に関心はあったけれど、本格的には学んだことのない方々のために、よく話題となる素朴な疑問も含めて一問一答の形式で書いたものです。仏教の専門用語を使いすぎることなく答えていくことは、現代においてみ教えを伝えていく際には重要なことではないでしょうか。

確かに、言葉を平易にし、文章も簡潔にしたため、かえって専門家の方々から誤解を受けるような点があるかもしれません。しかしながら、本書は、多くの方に少しでも浄土真宗のみ教えに触れていただきたいと願って執筆しましたので、読者の皆さんにはご理解いただけると考えています。

そうしている間に、新型コロナウイルス感染症が世界中に拡大し、私たちを取り巻く環境は大きく変化してしまいました。

念仏者がお念仏とともに生きていくということは、そのまま自分以外の誰かのために、具体的な行動をともなうということです。

「誰か」とは、家族かもしれません。友人、知人、あるいは出会ったこともない人かもしれません。

「具体的な行動」とは、多くの人とのつながりを思い、相手を思いやってその時々の状況に応じて行動することです。大事なことは、ほんの些細なことであったとしても、それが阿弥陀《あみだ》さまのお心にかなう生き方かどうかを確かめながら、できることを具体的に考え、行動していくことでしょう。

新型コロナウイルス感染症拡大という困難な状況の中で本書が発刊されます。それが、私たち僧侶自身にとっても、そして、現代に生きる一人ひとりの方にとっても、み教えに触れる機会になり、すべての人々が心豊かに共に生きることのできる社会の実現の機縁となりますことを心から願っています。

令和版　仏の教え●目次

序章　不安な時代に向きあうために

第1章　「生きること」に悩んだときに

第2章　亡くなった人とのつきあい方

第3章　親鸞さまが教えてくれた生き方とは

第4章　仏さまにおまかせして生き抜くために

装幀　石間　淳
装画　楠木雪野
ＤＴＰ　美創
協力　ヴュー企画

序章
不安な時代に向きあうために

先行きの見えない世の中を生きていくためにはどうしたらいいのでしょうか?

新型コロナウイルス感染症の影響が長引くにつれ、これまで通りの生活が送れなくなり、先行きへの不安が大きくなるのも当然のことと思います。

しかし、かつてあなたが「見えている」と思っていた「先行き」は、本当に確かなものだったのでしょうか。世の中には、自分の力だけではどうにもならないことがあります。

本来、将来は誰にも予測できない不確かなものであるにもかかわらず、これを確実なものと思い頼りにしていると、予想外の出来事が起こったとき、「思い通りにならない」と絶望や不安を覚えるのです。「思い通りにならない」ことを「思い通りにしようとする」ことで苦しみが生じるのです。

思えば、いままで「当たり前」だと思って過ごしていた日常は、貴重な、「有り難い」毎日だったのではないでしょうか。また、自粛生活を経験してみて、これまで私たちがほんの少し出歩くだけで、いかに多くの人と接触し、つながりを持って暮らしていたかをお知りになったと思います。

そういう気づきこそが、仏教的な視点から出てくるものです。

朝起きて仕事に出かけていく。いろいろな人と交流する。休日には自由に外出できる。桜が咲けばお花見に行き、ゴールデンウィークやお盆休みを利用して故郷に帰省できる。自粛生活中にできなかったこれらのことは、本来すべてが当たり前ではなく、「有り難い」ことだったのです。外出すれば路傍《ろぼう》の花が、いまのあなたには美しく見えるでしょう。

このように、これまでは当たり前と思い、なおざりにしてきた一つひとつを見直していく価値観の転換が、いまこそ求められます。

新型コロナウイルス感染症では、自覚症状がないのに人に感染させるという危険があります。このことから、無自覚に感染させてしまうことを恐れ、親しい人と会うことを控えている方もおられるでしょう。いろいろな地域の産物が、自粛生活で売れなくて困っているとニュースで聞けば、できるだけ購入して応援したいと思われた方もおられると思います。

これらは、自分の都合だけではなく、他人を思う、人と人とのつながりを思う大切な機会です。

お釈迦さまの言葉を記した『ダンマパダ（法句経《ほっくきょう》）』という経典に次のような言葉があります。

まことではないものを、まことであると見なし、まことであるものを、まことではないと見なす人々は、あやまった思いにとらわれて、ついに真実《まこと》に達しない。

まことであるものを、まことであると知り、まことではないものを、まことではないと見なす人は、正しき思いにしたがって、ついに真実に達する。
（中村元訳『ブッダの真理のことば　感興のことば』一一頁・岩波文庫　一九七八年）

この先、どんな出来事に直面しても、あなたは仏教の教える「まこと（真実）」と向き合っていくように努められてはどうでしょうか。

確実なものだと思い込んでいる先行き、こういうものだと思い込んでいる人生のひな型は、あくまでも主観的な願望の混ざった予想でしかなく、これらが大きく揺らぐ出来事が起こったとき、むしろあなたに余計な苦しみや不安をもたらす原因になりかねません。

一度得たものを手放すのは辛いと思われるかもしれません。たとえば仕事を失ってしまうこともあるでしょう。そのために自分の存在価値が薄れてしまったように感じる方がいるかもしれません。

しかし、役に立つかどうか、裕福かどうかは、「こうでなくてはならない」という社会や自分の基準、人と比べてどうかという基準でしかないのです。どのような境遇に陥っても、私たちを救おうとはたらいてくださる仏さまの「まこと（真実）」の基準は、あなたのありのままの毎日を照らしてくださる。このことを仏教は教えているのです。

疫病が流行したとき、僧侶はどのようにして人々の力になってきたのでしょうか？

――昔から日本人はさまざまな疫病に苦しめられてきました。そんなとき、人々を救ってきた僧侶の役割について教えてください。

ご質問の通り、日本では古くから疫病が人々を苦しめてきました。医療の発達していない時代、特に近代以前においては、天然痘や麻疹《はしか》の流行が、世の中のあり方を大きく揺さぶってきました。現在の新型コロナウイルス感染症のような経験を日本人はこれまで幾度も繰り返してきました。

たとえば、奈良時代に大流行した天然痘は、大陸から北九州へ、次いで全国に広がったといわれており、平城京で国政を担っていた藤原四兄弟が相次いで亡くなったことで、政治中枢に混乱をもたらしました。この疫病では、当時の人口の二割から三割が亡くなったとされ、耕す者がいなくなった農地は荒れ果てて飢饉《ききん》が起こり、幾重にも人々を苦しめたといわれています。

現代のような科学的な知見がなかった時代、人々は疫病の流行をはじめとする天災地変の原因を、人知を超えた者からの警告、あるいは非業の死に追いやられた者の怨霊のたたりだと考えました。そのため、天皇をはじめとする権力者は、僧侶に宮中や寺院での経典の読誦《どくじゅ》を命じ、国家安寧のために法要の修行を命じています。仏教の力によって、疫病や天災地変を鎮めようとしたのであり、こうした仏教と国家の関わりは「鎮護国家」「国家仏教」などといわれています。

歴史を振り返ると、僧侶はさまざまな社会的な活動をしているのですが、ここでは、近年「仏教の社会貢献」が注目されていますので、時代を下り、明治以後、いわゆる近代と区分される時代に注目してみましょう。

明治十年代の日本で、ある感染症が二度にわたり猛威をふるいました。コレラです。明治十二年の流行、明治十九年の流行で、それぞれで十万人を超える人々が亡くなったといわれています。現在の新型コロナウイルス感染症への対応と同じく、仏教界も国が行う予防対策の普及に努めましたが、西本願寺では『虎列刺《これら》予防諭解《よぼうのさとし》』というパンフレットを作成したり、予防費として献金も行っています。また、本願寺派看護婦養成所を明治三十一年に開いています。これは、京華看病婦学校（大谷派）などと並び、近代における仏教による医療福祉活動の起点といえる活動でした。明治期を過ぎ、大正・昭和の時代に入ると、社会福祉に関する活動は主として国が行うようになったのですが、僧侶、仏教者の活動がまったくなくなったというわけではありません。大正十二年の関東大震災の際には、九条武子さま（大谷光瑞《こうずい》　西本願寺第二十二代門主の妹）は、罹災者の救護、被災地の巡回慰問、震災孤児へ寄り添う活動など、さまざまな活動をされました。

また、ご質問にある疫病だけでなく、日本は大きな災害を幾度となく経験してきました。そうした中で、僧侶は国家と関わりながら、あるいは、僧侶それぞれが自身の信仰に基づいて活動してきました。

さらに、近代に入りますと「社会福祉」の分野において僧侶のほか、門信徒《もんしんと》も積極的な活動をするようになりました。新型コロナウイルス感染症への対応も、そうした歴史から学び、仏教界が持つ社会活動の蓄積を生かしていかなければならないと思います。そして、常に大事にしていきたいことは、私たち浄土真宗のみ教えに生きる者が現実社会でどのように生きていくかを示した「念仏者の生き方」で、

他者の喜びを自らの喜びとし、他者の苦しみを自らの苦しみとするなど、少しでも仏さまのお心にかなう生き方を目指し、精一杯努力させていただく人間になるのです。

（「念仏者の生き方」二三五頁参照）

と述べましたように、その活動の原点は、常に阿弥陀さまの教えを聞かせていただくことにあるということです。

自分の運命を信仰によって変えることはできますか？

――毎日暗いニュースばかりで、自分も病気になるのではないかと不安です。

新型コロナウイルス感染症に関する報道は、連日不安なものばかりです。新たな感染者や死亡者が何人であるとか、医療崩壊という言葉が現実味を帯びている状況、緊急事態宣言によってさまざまな職種の方々に大きな打撃が出ていること、ご実家の状況やアルバイトができないことから引き起こされる大学生の困窮状況など、日々状況が深刻化していることが報道されました。

また、新型コロナウイルス感染症に関して、感染ルートがわからないケースがあることや、感染していても発症しない方がいらっしゃること、検査によって一度陰性となった後に再度陽性の診断が下されたことなども報道されました。

ですから、ご質問にあるような「自分も病気になるのでは」という不安をぬぐうことは誰もできないと思います。

いつまで現在のような状況が続くのか、という先が見えないことへの不安は非常に大きなものです。

そのうえで、「自分の運命を信仰によって変えること」ができるのかというのは、ご質問の文脈からすると「自分自身が新型コロナウイルス感染症にかかるという運命ならば、それを信仰で変えることができるのか」というお尋ねだと理解できます。

まずお答えしなければならないことは、ほかのご質問でも触れていることですが、浄土真宗のみ教えでは、「○○すれば△△となる」という考え方をしないということです。ですから、阿弥陀さまを信じたから運命が変えられる。あるいは、病気にならない、とはいえません。もし仮に運命が変えられるのであれば、阿弥陀さまを信じたから大金持ちになれるということも考えられますが、そういうことはありません。

ここで「運命」という言葉について少し考えてみたいと思います。

一般的に「運命」は、自分自身の力がまったく及ばない。あるいは、自分自身の知らないところで、「すでに決められていた」と感じられる事柄に対して、肯定的にも否定的にも用いられているように思います。

たとえば、「運命の人」などといわれるように、会うべくして出会えたとしかいいようがない事柄に対して、また「運命を呪う」といわれるように、なぜ自分がこんな目にあわなければいけないんだと恨み言をいいたくなるような事柄に対して用いられています。

概して「運命」は、「これは運命だった」というように事後的に語られることが多いように思います。未来に対して「私の運命はこうなっている」ということもありますが、この場合はほとんど未来への願望や占いに近いのではないでしょうか。つまり、自分自身が現在置かれている状況を「運命」ととらえるかどうかが分岐点のように思います。

そして、自分自身が好ましくない状況に置かれたとき、それを「運命」だと考えるならば、自分自身とはまったく無関係なものとして、自分以外に責任を押しつけてしまうのではないでしょうか。

新型コロナウイルスに感染してしまったとき、それを「運命」だと考えるならば、自分自身の認識や行動へ反省の目を向けることは恐らく少ないでしょう。「運命」という言葉にはそうした危険性があるように思います。

また、その「運命」のすべてを知っている人は誰一人としていません。いま、私たちに大切なことは正確な知識を持ち、予断と偏見を排除して一人ひとりが適切と思われる方法で注意深く、責任を持って行動していくことだと思います。そして、それを支える根本のところにおいては、「われにまかせよ、そのまま救う」という阿弥陀さまのお慈悲の心を聞かせていただき、おまかせすることです。

真実信心《しんじつしんじん》の人は、不安のつきない状態のままでも、間違いなく往生成仏《おうじょうじょうぶつ》させていただけると、親鸞聖人《しんらんしょうにん》は仰せになっています。

どうしたらどん底から立ち上がる力を得ることができますか？

——在宅勤務など、これまでとは違った働き方にとまどいを覚え、この先、世の中についていけなくなるのではないかと絶望的な気持ちです。

新型コロナウイルス感染症の拡大は、人々の生活や行動をすっかり変えてしまいました。「テレワーク」「在宅勤務」の重要性は以前から指摘されていたように思いますが、これらの言葉をこれほど聞くようになったのは最近のことです。

また、働き方とともに、特に大学教育では「遠隔講義」が急速に推進されており、「学び方」も従来の形から大きく変わっていっています。

そうした状況に「ついていけなくなる」という危機感、ご質問ではそれ以上の「絶望的な気持ち」という言葉が出ていますが、そのような気持ちからどのように立ち上がっていけばいいかというお尋ねのようです。

まず、「働き方」「学び方」の急速な変化という点ですが、こうした「変化」そのものはすでに経験してきていることではないかと思います。

たとえば、現在はスマートフォンが主流ですが、数年前までは携帯電話でしたし、その前はPHSやポケベルというものもありました。その時々で、どのような道具を使うかによって、どのようにコミュニケーションしていくのかも変化し続けており、私たち一人ひとり、程度はそれぞれであっても対応し続けてきているといえます。

ですから、「ついていけなくなる」というお気持ちがあることは理解できますが、焦らずに、できる範囲で少しずつ変化に対応していけばよいのではないでしょうか。

さて、いちばんの問題は、そうした変化がもたらした状況から立ち上がる力をどうすれば持てるかということだと思います。ここではお釈迦さまと親鸞聖人のご生涯から考えてみたいと思います。

お釈迦さまは出家され修行に励まれた後、さとりを開かれました。その出家のきっかけとして「四門出遊《しもんしゆつゆう》」という出来事が語られています。これは、お釈迦さまがまだ釈迦族の王子であったとき、ご自身が住まわれていたお城の東西南北それぞれの門から出た際、老人、病人、死人、それから沙門《しやもん》（出家者）を見られたというものです。老人、病人、死人とは「老病死《ろうびょうし》」といわれる私たち誰もが避けることのできない「苦」を表しています。

お釈迦さまは、これらの「苦」が自分自身にも避けられないと自覚されたとき、深く絶望されました。そうした中で出会われたのが「沙門」という出家の修行者であり、お釈迦さまご自身も「苦」からの解放を目指し出家されたのです。

親鸞聖人もお釈迦さまと同様出家されました。九歳のときといわれています。その後比叡山《ひえいざん》において厳しい修行に二十年間励まれました。比叡山での親鸞聖人は、「常行三昧堂《じようぎようざんまいどう》」で不断《ふだん》念仏（特定の日を決めて昼夜不断に念仏すること）を行う「堂僧《どうそう》」であったと、妻である恵信尼《えしんに》さまのお手紙（「恵信尼消息」）に記されています。しかしながら、二十年間に及ぶ修行においても親鸞聖人は、利己的な欲望から自由になれず、迷いから出ることができないことに悩まれ、比叡山を下り、法然《ほうねん》聖人のもとに向かわれ、阿弥陀さまのみ教えに出遇《あ》われました。

ここで注目したいのは、二十年間にも及ぶご自身の人生を、このままではダメだと思われたことが、親鸞聖人にとってどれほどのことであったかということです。恐らく、深い絶望の淵に立たれていたと思います。

つまり、お釈迦さまは「沙門」、親鸞聖人は「法然聖人」との出会いによって「教え（法）」に出遇われたことで、深い絶望から立ち上がり、しかもその絶望を乗り越えて生きていく力を得られたのです。

ご質問された方は、現在、もしかしたら一人で困難な状況に向き合われ、一人苦しまれているのかもしれません。だからこそ、絶望からどうすれば立ち上がれるのかわからないと仰っているように思います。

しかし、ご質問された方も、そして私たち一人ひとりも決して「孤独」ではないはずです。

なぜなら、人は誰しも、皆つながりの中で生きているからです。そして、阿弥陀さまは、どのような時代、どのような場所の、どのような人であっても、誰一人取り残さず救おうとはたらかれています。そのような阿弥陀さまのはたらきを「摂取不捨」といいます。その阿弥陀さまのはたらきに出遇うことを、「教え（法）」に出遇うともいうのです。

いま、私が願いますことは、この「教え（法）」に多くの方々に出遇っていただき、それを依りどころに生きていってほしいということです。

いまの時代を生きていかなければならない若者へ、アドバイスをいただけませんか？

ご質問にある若者の状況は本当に厳しいものがあります。

西本願寺がある京都市には、保育園、幼稚園、小学校、中学校、高等学校のほか多くの大学がありますが、緊急事態宣言後、登園・登校が取りやめになりました。学びの機会が失われるという学力の低下だけでなく、友だちに会えないこと、屋外で思う存分遊ぶことができないことなど、その影響は、精神的・体力的な面にまで及ぶことはいうまでもありませんし、それが今後にどれほどの影響を与えるものなのかも現状では把握できません。

小学六年生、中学三年生、高校三年生、大学四年生の方々は将来のために重要な一年間の二カ月以上が自宅待機になりました。特に大学四年生をはじめとする卒業年次の方々は、来年度の採用を見送る企業もあったりして就職活動では大変に不安な日々を過ごされたと思います。若年層の方々にも本当に辛い状況になっていることは間違いありません。

こうした状況を前にして思うことは、困難に向き合うために、確かな依りどころを持ってほしいということです。

常に、あらゆるものは変化しています。その中で、いかなる状況におかれても、大切なことは何なのか、世間の揺らぎやすい価値基準に惑わされず、まことの道を、変わることのない真実とは何かを見極めてほしいということです。

いまの世間の価値観も、決して不変のものではありません。かつては、大量に生産し、消費し、皆が人より豊かで、強くあろうとし、環境保全よりも便利さが優先された時代がありました。

しかし、いまでは、有限な資源を使い続けることに疑問が呈され、「将来世代に何を残していくべきか」との視点から、国連の掲げるSDGs《エスディイジーズ》（持続可能な開発目標）のような「持続可能な社会をつくる」ための取り組みが進められるようになりました。時代により世間の価値観は移り変わっていくのです。

新生活のスタートが遅れたことで、何歳で学校を卒業し、就職しなければと焦りを感じている方もいるかと思います。また、世の中の変化や、世間にあふれる「こうでなくてはならない」という価値観が、不意にあなたを揺さぶることがあるかもしれません。

しかし、一喜一憂する、それが世間の価値観に縛られてのことならば、その不安や焦りは不要のものといえるでしょう。

たとえば、健康であることが世間の価値観だとしても、突然、病に倒れたり、そうでなくても年老いて、やがて死んでいく身であるのは事実で、「健康でないことは不幸である」というような思いにとらわれる必要はないのです。

仏教では、世の中も、自分も絶えず変化していると教えます。

しかし、人間は、無常《むじょう》であるという、ありのままの真実に気づかず、自分というものを固定した実体と考え、常に自分にとって損か得か、好きか嫌いかなど、自己中心の心で物事をとらえています。この自己中心の心を煩悩《ぼんのう》といい、私たちには煩悩があるから「苦」が生じ、苦悩の人生を歩んでしまうのです。

お釈迦さまの言葉を記した『ダンマパダ』に、すべての現象は変化しているというありのままの真実をさとったとき、人は苦しみ、悩み、悲しみから解放されるのだと説いているように、仏教は、苦悩を超えて生きていく道を教えてくれます。親鸞聖人は、その道を、誰一人取り残さず救おうという阿弥陀さまの本願《ほんがん》を聞き、信じ念仏していく道として示されたのです。阿弥陀さまの本願を聞き、信じ念仏することで、私たちは自己中心的な心に振りまわされることなく、ありのままの真実に教え導かれて生きていくことができるのです。

「いまの時代を生きていかなければならない若者」の皆さんであるからこそ、真実の教えである「仏法」に出遇い、それぞれの人生を力強く生きてほしいと思います。

第1章

「生きること」に悩んだときに

人は生まれ変わりますか？

「生まれ変わる」ということを、「輪廻《りんね》」あるいは「輪廻転生《てんしょう》」といいます。ご質問に対して一つの調査結果を参考にしてお答えしたいと思います。

日本人の宗教意識に関する調査はさまざまに行われていますが、ここでは長年にわたり多種多様な調査を継続して行っているNHK放送文化研究所の調査結果を参考にしてみましょう。

NHK放送文化研究所は、二〇〇九（平成二十一）年に「〝宗教的なもの〟にひかれる日本人～ISSP国際比較調査（宗教）から～」という調査結果を発表しています。

この中で、「目には見えないが、宗教上は存在すると考えられているもの」についての質問があります。そこでは、「死後の世界」「輪廻転生」は四十パーセント以上、「涅槃《ねはん》」「天国」「地獄」は三十パーセント以上の方が、「ある（これは「絶対にある」と「たぶんある」とを足した割合です）」と答えています。また、調査のまとめには、若い人ほど「宗教的なもの」を信じている割合が多いという結果が得られた、と報告されています。

この調査結果は十年ほど前のものなのですが、現在の実態とそれほど変わらないのではないでしょうか。つまり、どのようなところに「生まれ変わる」のかははっきりせずとも、「生まれ変わり」そのものを認めている方は一定程度いらっしゃるということです。

そこで「生まれ変わり」（輪廻）ということから考えてみます。一般的には仏教が「輪廻」を説いたと思っている方もいらっしゃるでしょうが、そうではありません。実は、「輪廻」は仏教の開祖であるお釈迦さまが生まれた古代インドの考え方です。そして、古代インドでは「生まれ変わる」ことは当たり前のこととして受け入れられていたのです。

やがて「輪廻」は仏教に取り込まれて「六道《ろくどう》（あるいは五道）輪廻」、つまり、六つの世界を生まれ変わり続けると説かれるようになりました。「六道」とは、天・人・修羅《しゅら》（阿修羅）・畜生《ちくしょう》・餓鬼・地獄の六つの世界のことです。

この「六道」のどこに生まれるのかを決めるのが「業《ごう》」です。「業」とは行為のことですから、生きている間にどのようなことを行ったのかによって「六道」のどこに生まれるのかが決まるのです。

ここからが大事な点です。私たちが阿弥陀さまのはたらきによって生まれさせていただく「浄土」は、「六道」の中にはない、ということです。「六道」はすべて迷いの世界です。「六道」の一つである「天」は迷いがない世界ですが、これも六道にあるのですから必ず苦しみがあります。

しかし、さとりの世界である「浄土」には苦しみはありません。ですから、「天」と「浄土」とは同じではなく、まったく異なる世界なのです。

ところで皆さんは「輪廻」や「生まれ変わり」と聞くと、よい意味で理解されるかもしれません。しかし、仏教で「輪廻」は、積極的に肯定されるのではなく、乗り越えなければならないものだと考えられています。それはなぜかといえば、「生まれたならば死ななければならない」からです。

「生まれ変わり」、すなわち「再生」ということは、「再び死ぬ」（再死）ことでもあります。「輪廻」の考え方を当然としていた人々は、「再生」と「再死」の無限の繰り返しを恐れ、何とか「輪廻」から抜け出したいと切望していました。

この「輪廻から抜け出す」ことを「解脱《げだつ》」ともいい、お釈迦さまがさとりを開かれたことで、解脱への道が明らかにされました。親鸞聖人も『顕浄土真実教《けんじょうどしんじつきょう》行証文類《ぎょうしょうもんるい》』（『教行信証《きょうぎょうしんしょう》』）「信巻」横超断四流《おうちょうだんしる》釈において、

断《だん》といふは、往相《おうそう》の一心《いっしん》を発起《ほっき》するがゆゑに、生《しょう》としてまさに受《う》くべき生《しょう》なし。趣《しゅ》としてまた到《いた》るべき趣《しゅ》なし。すでに六趣《ろくしゅ》・四生《ししょう》、因亡《いんもう》じ果滅《かめつ》す。ゆゑにすなはち頓《とん》に三有《さんぬ》の生死《しょうじ》を断絶《だんぜつ》す。

（『浄土真宗聖典　註釈版』二五五頁）

【訳文】

断というのは、往生してさとりを開く他力《たりき》の信心《しんじん》をおこすのですから、もはや未来に迷いの世界の生を受けることがありません。すでに迷いの世界を輪廻する因が消され、果もなくなるのですから、速やかにその迷いの世界の輪廻を断絶してしまいます。

と述べられています。阿弥陀さまのはたらきによって信心を得たのであれば、「輪廻」する原因は消されてしまい、「六道」の世界に生まれるのではなく、「浄土」へと生まれさせていただくのです。

ご質問は、「人は生まれ変わりますか」でした。親鸞聖人のみ教えからすれば、阿弥陀さまのはたらきにより、間違いなく浄土へと「生まれ」、さとりを開かせていただきます。

人は死んだらどうなるのですか？

「自分が死んだらどうなるのだろう」「亡くなったあの人はどうしているのだろう」。誰もがこうした死後への問いを経験したことがあるのではないでしょうか。そして、この問いは、私たちの「死」に対する向き合い方と密接に関わっているように思います。

たとえば、「人が死ねばすべてが終わりである。死んだあとは関係ない」と考えるのであれば、「死後」はそれほど意識されず、日々の生活をどれほど充実させるかに重きが置かれると思います。

これとは逆に、「人は『死』を経過して新たな世界に生まれ変わる」と考えるのであれば、「死んだあとのこと」に不安を抱くことは少ないでしょう。そして、こうした考えを持つ方々が一般的に「宗教的な人」と考えられています。

これは親鸞聖人も同じです。

親鸞聖人のお手紙（「親鸞聖人御消息」）に次のような言葉があります。

この身《み》は、いまは、としきはまりて候《そうら》へば、さだめてさきだちて往生《おうじょう》し候《そうら》はんずれば、浄土《じょうど》にてかならずかならずまちまゐらせ候《そうろ》ふべし。

（『浄土真宗聖典　註釈版』七八五頁）

【訳文】

私は、今はもうすっかり年老いてしまい、きっとあなたより先に往生するでしょうから、浄土で必ずあなたをお待ちしております。

はっきりとはわかりませんが、「すっかり年老いてしまい」とあるように、親鸞聖人最晩年のころのお手紙だと考えられます。この中で「浄土で必ずあなたをお待ちしております」と仰っています。このことから親鸞聖人はご自身が亡くなれば、間違いなく浄土に往生し、その浄土では先に亡くなったもの、あとに亡くなるものと「また会える」と考えられていたことがわかります。

ですから、ご質問にある「死んだらどうなるのか」という問いに対して、親鸞聖人なら「浄土に往生させていただく」と間違いなく答えられるでしょう。

このようにお答えしたうえで、もう一つお伝えしたいと思います。

それは、このような問いが起きることこそが私たちにとって大事なのではないか、ということです。

親鸞聖人が二十年間に及ぶ比叡山での修行の末、比叡山を下りられ、法然聖人のところへ赴かれたことについて、恵信尼さまのお手紙（「恵信尼消息」）には次のようにあります。

ただ後世《ごせ》のことは、よき人《ひと》にもあしきにも、おなじやうに、生死出《しょうじい》づべき道《みち》

をば、ただ一《ひと》すぢに仰《おお》せられ候《そうら》ひしを
（『浄土真宗聖典 註釈版』八一一頁）

【訳文】

ただ来世の救いについては、善人にも悪人にも同じように、迷いの世界を離れることのできる道を、ただひとすじに仰せになっていた法然聖人のお言葉をお聞きして

親鸞聖人が求められたのは「生死出づべき道」、つまり「迷いの世界を離れることのできる道」です。「迷いの世界」とは、私たちが生きているこの世界のことです。私たちは常に自己中心的な心で物事をとらえてしまい、その心に振りまわされ、自分の思い通りにならないことで悩み苦しんでいます。

こうした心で「死」をとらえるとき、誰にも避けることができないことでありながら、「死」は嫌悪され、忌避されるでしょう。

それとは逆に、「死」を受けいれるという道があります。それが「生死出づべき道」であり、誰もが歩んでいける浄土への道なのです。

現代において「死んだらどうなるのか」という問いに直面している方々には、辛い状況に置かれている方も多いかと思います。こうした問いもなく生きていくほうが楽だとお思いの方もいらっしゃるかもしれません。

しかし、こうした問いに向き合わざるを得ないのが私たちではないでしょうか。だからこそ、「生死出づべき道」を求められた親鸞聖人のお言葉、浄土真宗のみ教えをお聞きいただきたいと思います。

地獄に堕ちた人が極楽へいくことはできるのですか？

この質問は面白いですね。一般的には、「私（たち）は地獄に堕《お》ちてしまうのですか」、あるいは「どんな人が地獄に堕ちるのですか」といった質問が多いように思いますが、ここでは、「一回地獄に堕ちた人が、それでも極楽へ行くことはできるか」という質問ですから、「地獄に堕ちること」が前提になっています。

ところで、「地獄」にもさまざまな種類があることはご存じですか。地獄には等活《とうかつ》地獄・黒縄《こくじょう》地獄・衆合《しゅごう》地獄・叫喚《きょうかん》地獄・大叫喚《だいきょうかん》地獄・焦熱《しょうねつ》地獄・大焦熱《だいしょうねつ》地獄・阿鼻《あび》地獄の八つの階層があるとされ、それぞれの地獄で受ける苦しみも異なります。このことは、親鸞聖人に至るまでに阿弥陀さまの教えを受け継いでこられたインド・中国・日本の七人の高僧（七《しち》高僧）のお一人である源信和尚《げんしんかしょう》の『往《おう》生要集《じょうようしゅう》』に詳細に説かれています。

では、「地獄に堕ちるのかどうか」から考えてみたいと思います。皆さんは、どんな人が地獄に堕ちると思いますか。たとえば、殺人のような凶悪事件を起こした人でしょうか。または、凶悪事件でなくとも、いつも自分勝手な人だとか、嘘をよくつく人などを思い浮かべますか。「どんな人が地獄に堕ちるのだろう」と考えると、さまざまな「悪いこと」や「悪い人」を思い起こすかもしれませんが、さて、では「あなたは地獄に堕ちますか」と問われたらどうでしょうか。「自分は地獄に堕ちるほどではないかな」とお思いかもしれません。まず大事にしたいのは、自分自身のことをどう見ていくか、です。

親鸞聖人の弟子である唯円《ゆいえん》が著した『歎異抄《たんにしょう》』の第二条には次のような親鸞聖人の言葉が記されています。

いづれの行《ぎょう》もおよびがたき身《み》なれば、とても地獄《じごく》は一定《いちじょう》すみかぞかし。

（『浄土真宗聖典　註釈版』八三三頁）

【訳文】

どのような行も満足に修めることのできない私には、どのようにしても地獄以外にすみかはないからです。

親鸞聖人は、自分自身は「地獄」以外には行き場所がない、つまり、「地獄に堕ちるかどうか」ではなく、「間違いなく地獄に堕ちる」のだと仰っています。興味本位だとしても、積極的に「地獄」に行きたいという人はいないと思います。しかし親鸞聖人は、自分は地獄に堕ちざるを得ない、地獄に堕ちることを免れることができるようなことは何一つできない自分である、と仰っているのです。

私たちは普段、「よいこと」をして、「悪いこと」をしないようにしています。そうはいっても、毎日、食事のときに、ほかの生き物の「いのち」をいただくことで生かさせていただいています。

また、自分の都合を優先させたいがために、他人を押しのけたり、傷つけたりした経験は誰しもあるのではないでしょうか。そのような私たちのすがたをこそ「凡夫《ぼんぶ》」というのです。親鸞聖人の『一念多念文意《いちねんたねんもんい》』には次のように示されています。

「凡夫《ぼんぶ》」といふは、無明煩悩《むみょうぼんのう》われらが身《み》にみちみちて、欲《よく》もおほく、いかり、はらだち、そねみ、ねたむこころおほくひまなくして、臨終《りんじゅう》の一念《いちねん》にいたるまで、とどまらず、きえず、たえずと

（『浄土真宗聖典　註釈版』六九三頁）

【訳文】

「凡夫」というのは、私どもの身には無明煩悩が満ちみちており、欲望も多く、怒りや腹立ちやそねみやねたみの心ばかりが絶え間なく起り、まさにいのちが終ろうとするそのときまで、止まることもなく、消えることもなく、

絶えることもないと

「間違いなく地獄に堕ちる」ほどのことをしながら生きているのが私たち「凡夫」であることを親鸞聖人はお示しになっているのです。

では、本当に親鸞聖人は地獄に堕ちたのかといえば、「地獄に堕ちることは絶対にない」のです。なぜなら、「地獄に堕ちざるを得ないもの」こそが救われるのが阿弥陀さまの教え、念仏の教えだからです。阿弥陀さまの教えは、「○○できなければ地獄に堕ちてしまうから、○○しなさい」という教えではありません。「地獄に堕ちざるを得ない」ものをこそ、阿弥陀さまは救いたいと願い、念仏による救いを選ばれたのです。

ですから、念仏は「したから地獄に堕ちない」「しないから地獄に堕ちる」といった、手段ではありません。念仏は、必ず私たちを救おうとする阿弥陀さまのはたらきのすがたなのです。

親しい人を亡くした友人に、何といって慰めたらいいのでしょうか？　特に、お子さんを亡くした人には掛ける言葉が思い浮かびません。

人は生まれれば、必ず死ななければなりません。そして、いつ、どのような形で「死」がおとずれるかは誰にもわかりません。この「死」そのものが「苦」であり、「死」によってどんなに愛しい人とも別れ、離れなければならないことを「愛別離苦《あいべつりく》」といいます。

これはお釈迦さまの時代でも、親鸞聖人の時代でも、現代でも、そして恐らく今後、どんなに科学技術が発達したとしても、変わることのない事実です。

しかし、私たちがその事実に本当に向き合うことは難しいのではないでしょうか。だからこそ、親しい方や身近な方の「死」を突きつけられてしまうと、ご質問にあるように私たちは何をいってていいのかと、とまどってしまうのでしょう。「どんな言葉を掛ければ」というご質問ですが、人の死は多様ですから一概にいうことができませんので、最も基本的なことからお伝えします。親鸞聖人のお手紙（「親鸞聖人御消息」）に次のようにあります。

なによりも、去年《こぞ》・今年《ことし》、老少男女《ろうしょうなんにょ》おほくのひとびとの、死《し》にあひて候《そうろ》ふらんことこそ、あはれに候《そうら》へ。ただし生死無常《しょうじむじょう》のことわり、くはしく如来《にょらい》の説《と》きおかせおはしまして候《そうろ》ふうへは、おどろきおぼしめすべからず候《そうろ》ふ。

（『浄土真宗聖典　註釈版』七七一頁）

【訳文】

何よりも、去年から今年にかけて、老若男女を問わず多くの人々が亡くなったことは、本当に悲しいことです。けれども、いのちあるものは必ず死ぬという無常の道理は、すでにお釈迦さまが詳しくお説きになっているのですから、驚かれるようなことではありません。

このお手紙は、親鸞聖人八十八歳ごろのものです。このころ、天災や飢饉、地震などによって年齢、性別を問わず多くの方々が亡くなったようです。そうした現実を前にした親鸞聖人も「本当に悲しいこと」と仰っています。しかし、人が生まれれば死んでいかなければならないことは、お釈迦さまが説かれた通りであり、すでに知らされているのだから驚くようなことではないと続けられています。

もう一つご紹介します。阿弥陀さまの教えをお手紙にして広くお伝えくださった本願寺第八代宗主《しゅうしゅ》蓮如上人《れんにょしょうにん》の「御文章《ごぶんしょう》」（五帖目十六通）に「白骨章」があります。そこには、

われや先《さき》、人《ひと》や先《さき》、今日《きょう》ともしらず、明日《あす》ともしらず、おくれさきだつ人《ひと》は

もとのしづくすゑの露《つゆ》よりもしげしといへり。されば朝《あした》には紅顔《こうがん》ありて夕《ゆうべ》には白骨《はっこつ》となれる身《み》なり。

（『浄土真宗聖典　註釈版』一二〇三頁）

【訳文】

（人のいのちというものは）私が先か、人が先か、今日とも知られず、明日とも知られず、人に遅れ人に先立つことは、根元のしずくが留まっている一方で、葉先のつゆが先にこぼれ落ちてしまうような、ごくありふれた出来事よりも数多いものといわれています。ですから、朝には血色のよい顔をしていても、夕方には白骨となるのが人の身です。

とあります。親鸞聖人が「生死無常のことわり」と述べられたことを、蓮如上人は「朝には元気な顔をしていても夕べには白骨となってしまうのが私たちである」と表現されています。

先に、私たちは「死」や「死」が引き起こす悲しみや苦しみという事実に向き合うことが難しいのではないかと指摘しました。仏教、あるいは阿弥陀さまの教えは、この難しさにこそ向き合っていくものです。このことを、親鸞聖人や蓮如上人のお言葉は示しています。

「死」が誰にでもおとずれるものだと理解していたとしても、「死」に向き合うのは本当に難しいことです。

だからこそ、ご質問に対しては「どのような言葉であってもいい。しかしまた、どのような言葉でもダメである」とお答えしたいと思います。

「死」を前にして悲しみ、苦しむ方のために何か言葉を掛けてあげたい。しかし、ご質問にあるように、どのような言葉がいいのかわからないし、どのような言葉であっても「慰め」にはならないように感じる。かえって相手を傷つけてしまわないだろうか。言葉にしたいけれども、言葉にできない。どのような言葉も適切ではないと感じる。言葉にすることそのものがはばかられる。こうした状況が生まれることこそ「死」の厳粛さを物語っているように思います。

ですから、安易な慰めではなく、相手の悲しみ、苦しみに寄り添いたいという気持ちから発せられた言葉であれば、どのような言葉であっても否定されるものではないと思います。また同時に、無理に言葉にせずとも、相手の気持ちを推し量り、ともに悲しむこともまた否定されるものではないでしょう。

どのような私たちであっても、そして、どのような亡くなり方をしたとしても、阿弥陀さまはあらゆるものを浄土へと往生させてくださいます。私たちも浄土への人生を歩ませていただきたいと思います。

仏教では「愛」について、どのように教えているのですか？

「愛」という言葉が世にあふれ、現代では「愛」は至上のものであると思われている方が多いかと思いますが、仏教では「愛」も深いとらわれの心、執着の一つとしてとらえます。

「無償の愛」といわれるように、利益優先の世の中で、見返りを求めない純粋な気持ちが「愛」で、これを否定するとは何事か、と思う方もおられるでしょう。特に親子愛は、現代では美しいものとして取り上げられるものの一つです。

しかし、仏教の教えでは、愛もまた、苦しみの原因と考えます。なぜでしょうか。『ダンマパダ』にある次の言葉がヒントになります。

愛するものから憂いが生じ、愛するものから恐れが生ずる、愛するものを離れたならば、憂いは存在しない。どうして恐れることがあろうか？

（『ブッダの真理のことば　感興のことば』四〇頁）

たとえば、あなたが、医師から重い病であることを告げられたとします。そのとき、あなたの心には何が浮かぶでしょうか。自分のいのちが長くないかもしれないというとき、いちばん気掛かりなのは残される子どものことかもしれません。あるいはこれまで育ててくれた親や、ともに暮らした妻や夫の将来を思い、申し訳なく思う気持ちになるかもしれません。しかし、世の中に死なない人はいないのですから、必ず別れはやってきます。

つまり、人は愛する誰かと永遠に生きられるわけではないのです。それは皆わかっているのですが、愛すれば愛するほど、「別れたくない」という思いが生じ、「もっとそばにいたかった」「誰かのためにもっと生きていたかった」「生きていてほしかった」と考えます。それが心を苦しめるのではないでしょうか。

『仏説無量寿経《ぶっせつむりょうじゅきょう》』に次の一節があります。

人《ひと》、世間愛欲《せけんあいよく》のなかにありて、独《ひと》り生《うま》れ独《ひと》り死《し》し、独《ひと》り去《さ》り独《ひと》り来《きた》る。

（『浄土真宗聖典　註釈版』五六頁）

【訳文】

人は、世間の愛欲のきずなにつながれて生活しているが、結局のところ独り生れて独り死に、独り来て独り去るのである。

「独り生れ独り死す」ことがいくらわかっていても、心が乱されるのは、あなたに愛するものがあるゆえなのです。

たとえば、「好きな人にはよくしてあげたい」と思う気持ちは誰にでもあるものので、好きな人にだけは自分を犠牲にしてまで尽くしたくなるのではないでしょうか。そして、相手に尽くせば尽くすほど、等分の見返りを期待してしまうことも否めません。

あるいは、自分の子どもならなおさら心に掛けて、「人の子より自分の子」を優先することを当然のことだと思ってしまうかもしれません。しかし、そのような自己中心的な思いを仏教の教えでは煩悩と考えます。こう考えると、私たちが最後まで捨てきれない煩悩は愛なのかもしれません。

仏教を信じると世界から戦争をなくすことはできますか?
——ほかの宗教を信じる人と仲よくするにはどうしたらいいのでしょうか?

仏教では、一貫して「殺してはならぬ。殺さしめてはならぬ。またほかの人々が殺害するのを容認してはならぬ」という「不殺生《ふせっしょう》」を説きます。

仏教の理想は『仏説無量寿経』に説かれるように「仏が歩み行かれるところは、国も、町も村も、その教えに導かれないところはない。そのため世の中は平和に治まり(中略)武器をとって争うこともなくなる」、つまり「兵戈無用《ひょうがむよう》」(『浄土真宗聖典　註釈版』七三頁)となることです。仏法が広まってこそ、武器なき真の平和が実現するということでしょう。

戦争はなぜ起こるのかを考えると、多くは自分や自国のことを最優先にし、利益を守ろうとすることが大きな原因となっているのではないでしょうか。

仏教では自分の心にある自己中心的な思いが、苦しみのもとであると教えます。これは、国と国との戦争だけでなく、日常の人間関係においても当てはまります。誰かに罵られた、傷つけられた、負けた、奪われたという思いにとらわれていると、怨《うら》みの気持ちはやむことがありません。

こうした怨みを抱いている人々の間にあっても怨むことなく、心穏やかに生きていこう、とお釈迦さまは教えられました。

意識する、しないにかかわらず、人間も自然もすべてのものごとは互いに関わりあって存在しています。そのことに気づかず、自分たちの主張だけが正しいと思い込むことによって争いは起こります。しかし、武装し、ほかを攻撃して平穏が得られたとしても、それは長くは続きません。

自分以外の人を、自分と同じように大切にできることが重要です。自分と同じように相手にもかけがえのないいのちがあり、家族があり、日常生活があります。国家のレベルだけではなく、身近なところでの意識の持ち方を変えていくことで、一人ひとりの幸せ、ひいては平和な社会の実現につなげていくということが、仏教の考える平和実現への道です。

ご質問に「仏教を信じると」とありましたので、仏教徒の立場からお答えしました。仏教だけでなく、ほかの宗教を信じる人の中にも、平和を求める人はたくさんいます。けれども、人類の歴史を眺めると、戦争が一度もなかったような時代はありません。世界中が平和で満たされるのは容易なことではないのです。

しかし、だからといって、戦争放棄をあきらめてしまえば、ますます平和への道は遠ざかってしまいます。平和のために行動することは簡単ではありません。だから、まずは身近なところからはじめてはどうでしょうか。自分ができる範囲で行動してみる。あるいは、平和な世の中を築くために自分に何ができるのかを考えるだけでも、平和に貢献することになります。

ほかの宗教を信じる人との関係でも同じことです。

たとえば、あなたが仏教の教えに従って相手に接したとき、宗教が違う相手から冷たくされたとします。それでも仏教は、怨みを怨みで返さない。そうすることで怨みの気持ちから解放され、怨みを抱いている人の間にあって、心穏やかに生きよう、と教えるのです。時代や地域を問うことなく、お釈迦さまが説かれた真理と向き合っていれば、世界中どこでも、私たちはそれを依りどころにして生きていくことができます。

いま、多様性がキーワードになっています。自分と相手の意見や主張が食い違ったとき、自分だけが正しいと思い、相手に自分のやり方や考えに合わせるよう強制することが争いにつながります。

相手を否定することなく、相手の思いを尊重するという基本姿勢は、ほかの宗教を信じる人に対しても変わりません。自分が大切にしている教えがあるように、相手にも大切にしている教えがある。そのことを尊重し、認め合うことが大切です。

どんなときにお寺に行くとよいのでしょうか？　お坊さんのお話はいつでも聞けますか？

お寺は法要や法事のときに行くものだと思われている方もおられるようですが、お寺が開放されている時間内でいつでもお参りできます。

京都の西本願寺では、朝のお勤め（仏前での読経）は毎日六時から、東京の築地本願寺では七時から行われておりますので、毎日参拝される方もいらっしゃいます。

お坊さんのお話を説教ともいいますが、私たちは法話《ほうわ》と呼んでいます。西本願寺では毎日、常例布教《じょうれいふきょう》という法話が行われ、大きな法要の際にも法話が行われます。浄土真宗では「法話を聞く」ということをとても大切にしています。

これまで一度は法話を聞かれた経験がある方もいらっしゃると思います。難しくて理解できなかったという方もあるでしょう。「ありがたいと思ってその場では聞くけれどもすぐに忘れてしまう」という方は、昔からいらっしゃったようです。

聞いてすぐ忘れてしまうことを、網目から水が漏れてしまうということで、「籠」や「ざる」にたとえることがありますが、蓮如上人は、「それならば、その籠を水につけなさい。籠を水につけるように、わが身を仏法に浸しておきなさい」と仰いました。試験勉強のように覚えておくことを目標とせず、繰り返し聞くという姿勢でよいのです。こうして阿弥陀さまの教えに染まった人を「染香《ぜんこう》人《にん》」と親鸞聖人は呼ばれています。

また、皆さんには「お寺は年をとってから行くところだ」というイメージがあるかもしれません。また「きちんとした格好で行って、静かにお参りするものだ」と思われている方も多いかもしれません。

かつてお寺は、地域コミュニティーの中心的な役割を果たしてきました。法要に参拝するときや法事のとき、お墓参りのときだけではなく、いろいろな会合がお寺でもたれていました。昔話には、お寺の住職が村人の相談に乗るような場面がよく出てきます。以前対談したサッカー選手の遠藤保仁氏は、子どものころは実家から二、三分のところにあるお寺で友だちと遊んでいたと仰っていました(『ありのままに、ひたむきに―不安な今を生きる』収録)。

私自身は、お寺が誰にとってもほっとできる場所になればいいなと思っています。たとえば小さい子どもを連れたご家族にも来ていただきたいと思います。

お寺には、畳のある本堂など、ある程度広い空間がありますから、そこで赤ちゃんが自由にハイハイしたり、歩いたりできます。お寺は親子にとってとても安心できる場所になれると思っています。

私自身にとっては法話を聞いているときなどは、とても心穏やかになれる時間です。何かの折には、ぜひお寺にお参りください。うれしいときも、悲しいときもあなたに寄り添ってくださる仏さまがいらっしゃいます。

よいことをするとご利益はありますか？　悪いことをするとバチが当たりますか？

よいことをすればよい結果が得られ、悪いことをすれば悪い結果が得られる。誰もが当然のことと思われているでしょう。仏教においても、悪をやめて、善を修めることでさとりを開くことが重要であると説かれています。

その典型としてよく指摘されるのが、「七仏通誡偈《しちぶつつうかいげ》」です。

「七仏」とは、お釈迦さま以前にさとりを開かれた六名の仏たちのことで、この六名の仏にお釈迦さまを加えて、この世に出現されたすべての仏を意味します。

「七仏通誡偈」には、

諸悪莫作《しょあくまくさ》　諸《しょ》（衆《しゅ》）善奉行《ぜんぶぎょう》　自浄其意《じじょうごい》　是諸仏教《ぜしょぶつきょう》（『大正新脩大蔵経』四・七四一頁）

【訳文】

もろもろの悪はなすことなかれ　もろもろの善はつつしんで行え

自らその意《こころ》を浄《きよ》めよ　これが諸仏の教えである

とあります。悪を止め、善を修めることによってさとりを開く。こうした考え方こそ、「よいことをすればよい結果があり、悪いことをすれば悪い結果がある」という自業自得、あるいは廃悪修善《はいあくしゅぜん》（悪いことをやめて、善いことを行う）の考え方です。

ところで、「よいことをすればよい結果が得られ、悪いことをすれば悪い結果が得られる」といったとき、その善悪を決める基準とは何でしょう。「カチカチ山」という昔話を例に考えてみます。いたずら者のタヌキが老夫婦に捕まり、タヌキ汁にされそうになったので、タヌキはおばあさんを殺して逃げだした。そこで、おじいさんはウサギに相談し、タヌキはウサギに仕返しをされ、背負った薪《たきぎ》に火をつけられ、最後は泥の船に乗ったところを海に沈められて死んでしまうというお話です。この昔話を読んで、タヌキの受けた仕打ちを当然だと思いますか。それはこの物語の主役がウサギであり、老夫婦であるからにすぎません。タヌキ側に視点を変えればまったく違う意味になるでしょう。

このお話のように、人間の考える善悪には、多かれ少なかれ一面的な価値観が反映されています。そして、そのような善悪の基準は、仏さまの基準ではありません。

親鸞聖人が生きておられた平安時代から鎌倉時代は、いまよりも格段に神仏のバチが恐れられ、宮中では祭祀が最重要視されていました。たとえば、平安時代、平安京の清涼殿に落雷があって死者が出た折には、左遷され太宰府で亡くなった菅原道真の怨霊が原因だと考えられました。このように、「神罰や仏罰、祟《たた》り」ということが非常に恐れられ、一日の行動にいたるまで、人々に大きく影響を及ぼしてきたのです。

親鸞聖人が選ばれた道は、これらのバチや祈祷、占いなど、当時世間で信じられてきたものを頼りにせず、阿弥陀さまにおまかせするという道でした。

現代でも、占いなどについひかれるのは、将来に不安があるからでしょう。お守りを手放せないのも同じことです。しかし、浄土真宗はこれらの現世祈祷を必要としません。

たとえば、毎年欠かさず年頭にはお寺や神社にお参りをして、お札やお守りを授けてもらった方が、前年末に交通事故で骨折してその年は参拝がかなわなかった。そういう場合にはバチが当たるというのでしょうか。

お札やお守りを持っていても、交通事故に遭うこともあるでしょう。浄土真宗はどんな事態に陥っても、いまをありのままに生き抜いていく。そういう教えですから、現世祈祷は「必要としない」のです。

私たちの不安や迷いはなくなることがありません。しかし、だからこそ阿弥陀さまはいつもこうした私たちの不安や迷いを見通して、常に私たちを救おうとはたらいてくださっています。どのようなものであっても、摂め取って捨てず、必ず浄土に生まれさせ、さとりを開かせるという阿弥陀さまのお救いを「摂取不捨のお慈悲」「無条件の救い」などといい、いかなる境遇になっても変わることはありません。

厄年はどうやって決められたのですか？　厄年に注意することはありますか？　厄除けは必要ですか？

人の一生の中で、何歳の前後には災いが起こりやすいので、忌み慎むとされるのが厄年で、はじめて言われ出したのは、平安時代に遡るそうです。皆さんが「節分」として豆まきをする行事も、もとは「追儺《ついな》」という宮中の厄除け行事からきたものです。厄年にあたる年は、体力的にも、また家庭や社会環境が転機を迎えやすいタイミングであるとして、厄払いの祈祷を勧めるお寺や神社もあります。ただ、浄土真宗に「厄」という考え方はありません。ですから、厄年に注意したり、厄除けをしたりする必要もありません。

たとえば重い病気になったとします。そんなときは、「このままずっと続いていくと思っていた日常が終わるかもしれない」、「健康には人一倍気をつかってきたはずなのに、どうして」などと自問自答してしまうのではないでしょうか。そして、「今年は厄年だった」と思い当たり、厄年だから病気になったのだと考えてしまうこともあるでしょう。

しかし、病気や死に向き合うことではじめて見えてくることもあります。

たとえば、病気で余命宣告された方の中には、その後、世界が変わって見えたという方がいらっしゃいます。ありふれた日常や、あらゆるものが当たり前ではないことに気づき、きらきらと輝いて見えたといいます。この方にとっては、病気は悪いことだけとはいえないのではないでしょうか。

阿弥陀さまの四十八願《しじゅうはちがん》（阿弥陀さまが法蔵菩薩《ほうぞうぼさつ》であったときに私たちを救うために建てられた願い）の第三番目に、「悉皆金色の願《しっかいこんじき》」があります。

たとひわれ仏《ぶつ》を得《え》たらんに、国中《こくちゅう》の人天《にんでん》、ことごとく真金色《しんこんじき》ならずは、正覚《しょうがく》を取《と》らじ。

（『浄土真宗聖典　註釈版』一六頁）

【訳文】

私が仏になるとき、私の国に住むあらゆる人々が、皆ことごとく金色に輝かないようであれば、私は決してさとりを開きません。

阿弥陀さまは、すべてのものがことごとく金色に輝かないのであれば、私はさとりを開くことはないと誓われ、さとりを成就されました。阿弥陀さまはさとりを開いた方ですから、すべてのものが、あるがままにそのままで金色に輝いて見えるのです。「厄年」というような、この年は災いが多く暗澹《あんたん》としています、ということはあり得ません。

病気になれば、これまでのように働けなくなるかもしれない。しかし、これは人間の「役に立つ、役に立たない」という価値判断によるものです。そんなことで、その人の輝きが左右されることはありません。あるとしたら、それは私たちの煩悩がその輝きを曇らせてしまっているということです。

親鸞聖人が書かれた『高僧和讃《こうそうわさん》』（七高僧の事蹟や教えをわかりやすく讃嘆されたもの）には次のようにあります。

煩悩《ぼんのう》にまなこさへられて　摂取《せっしゅ》の光明《こうみょう》みざれども
大悲《だいひ》ものうきことなくて　つねにわが身《み》をてらすなり
（『浄土真宗聖典　註釈版』五九五頁）

【訳文】

煩悩に眼をさえぎられて、あらゆるものを救いとろうという阿弥陀さまの光明を見ることはできないが、その大いなる慈悲の光は、やむことなく常に私を照らしています。

これまでの人生で、すべて自分の思い通りになって生きてきたという人はいないでしょう。世の中のすべてのことが、私たちの心や気持ちの通りに進むわけではありません。自分に好ましくないことはたくさん起こります。そういうとき、心が波立つ。これが煩悩による苦しみです。

特に「老いる」「病気になる」「死ぬ」ということを避けることはできません。そのことを社会や自分の価値基準、つまり人間のものさしだけでとらえるのではなく、ただありのままに見つめるのが仏教の基本的な考え方です。

確かに、世界がありのままに見えてくるようになるということは、たいへんに難しいでしょう。だからこそ、それを超えて、阿弥陀さまの願いは私たちにはたらいてくださっているのです。

初詣、お宮参り、七五三、成人式、結婚式などは、お寺でも行えますか？

年が改まると初詣の映像がニュースで流れます。多いところでは、三十万人を超える人が参拝されるといいます。一般的に初詣は、お寺でも神社でもどちらに参ってもいいと理解されているようです。

このように日本人は、人生の節目においてさまざまな宗教と関わりを持っています。たとえば、初詣以外にも、七五三や成人式は神社で、結婚式は教会で、葬儀は仏式で、というケースも多いようです。

人生の節目ごとに、自分にはたらいている大きな力を改めて感じ、静かに手を合わせ、明日からの活力にする。そういうあり方も大切でしょう。

そうした中でお寺という場所は、亡くなった方を偲んだり、お葬式をしたりという悲しみのときだけに集《つど》うところだというのは大きな誤解です。葬儀や法要以外は神社に行くものだと思われている方も多いようですが、人の一生の喜ばしい儀礼の際にも、お寺に参拝いただくことがあまり知られていないのは残念なことです。

お寺の年始は「元旦会」にはじまり、多くの方が参拝されます。また毎年、西本願寺や築地本願寺での成人式には多くの新成人の方が参加されます。結婚式もお寺で行うことができます。また、お宮参りや七五三などに当たる子どもの参拝として、はじめてお寺にお参りする「初参式《しょさんしき》」があります。

当たり前のことですが、仏教徒はいつでも仏教を指針に生きています。そうでなくては、儀式は「そのときだけ」の「形だけのもの」になってしまうのではないでしょうか。

また、「日曜学校」や「子ども会」と呼ばれる子どもの集まりを設けている寺院もあり、お子さんたちは勉強や遊びをし、子ども向けのお経の本でお勤めをします。お寺としてボーイスカウトやガールスカウトの活動をしているところもありますので、参加してキャンプや野外活動、ボランティアなど、いろいろな体験をするのもよいでしょう。

私も若いころからスカウト活動の中でさまざまな経験を積みました。

子どものころからお寺に通う機会を持ち、仏教徒となる式を受けて法名《ほうみょう》（一七三頁参照）をいただく。二十歳になればお寺での成人式に参加する……。そのように、人生がお寺とともに、仏教とともにあれば、身についた仏教が、必ずや人生のさまざまな問題解決のヒントを与えてくれるはずです。仏教とは、生きる力を与えてくれる教えです。

違う宗派のお坊さん同士の交流はあるのですか？　キリスト教や神道についてどう思いますか？

違う宗派の僧侶と、またキリスト教の方や神道の方との交流は、とても有意義なものだと思っています。同じ仏教どうしでも、歴史的にはいろいろありましたので、いまも仲が悪いのだろうかと心配される方もおられるかもしれませんが、そんなことはありません。

お釈迦さまは「生きとし生けるものが幸せでありますように」と願われました。宗派が違っても、同じ仏教徒として、すべての衆生《しゅじょう》（生きとし生けるもの）の幸せの実現のために行動するということに変わりはありません。

特に大きな災害の折や、環境や貧困、平和、人権などの世界的な問題への対応は、一宗派だけでは難しいこともたくさんあります。国内のみならず、世界の仏教徒とも協働して、国連の持続可能な開発目標（ＳＤＧｓ）の実現を支援していくことなどが、「慈悲の行動」をテーマに開催された、第二十九回ＷＦＢ世界仏教徒会議日本大会の「二〇一八年東京宣言」でも表明されました。

「ＷＦＢ」とは世界仏教徒連盟（The World Fellowship of Buddhists）のことで、世界の仏教徒が交流親善をはかり、仏教の普及と世界平和へ貢献することを目的として一九五〇（昭和二十五）年に設立された国際的な仏教徒の組織で、タイに本部があります。いま、社会に向けて何をなすべきかを考え、仏さまの心に基づいて行動することが宗派を超えた一致した目標になっています。

日本には、全日本仏教会という伝統仏教の連合組織があります。一九〇〇（明治三十三）年に結成された「仏教懇話会」にはじまり、一九五七年に財団法人、二〇一二年に公益財団法人となりました。

日本には大変多くの仏教の宗派がありますが、全日本仏教会には、現在五十九の宗派、三十七の都道府県仏教会、全日本仏教婦人連盟や仏教伝道協会など十の団体が加盟しています。仏陀《ぶっだ》の和の精神にのっとり、ともに活動したり、会合をもったりと、交流が盛んに行われています。

特に二〇一一（平成二十三）年の東日本大震災や二〇一六（平成二十八）年の熊本地震などの災害の折には、全日本仏教会を通じて宗派を超えて連携し、追悼法要や被災地の復興に向けて、物心両面での支援に当たりました。

また、親鸞聖人を宗祖とする浄土真宗のうち十派で、一九六九（昭和四十四）年に真宗教団連合という組織を結成し、二〇一八（平成三十）年には結成五十年にあたり共同宣言を出しました。宣言には「いのちあるすべての存在が互いに響き合う世界、誰一人取り残されることなく、共に生きることのできる世界」を目指し、真宗教団として取り組んでいくこと、また他団体とも広い協力関係を構築するよう努めることが表明されています。

このような連携は、仏教界だけにとどまりません。全日本仏教会は、仏教界を代表して、神道やキリスト教、新宗教の連合体とともに公益財団法人日本宗教連盟を構成しています。この連盟は最近では、政府から求められ、教育についてのパブリックコメントを提出するなど、政府等官公庁への窓口としての役割も果たしています。

個々にもキリスト教や神道の方と意見を交わすシンポジウムが開催される中で、それぞれの教えや考え方の違いからヒントを得ることもたくさんあります。そして何より、多様性と寛容性の観点から、特に平和の問題について協働できる部分が多くあると思います。

二〇一九（令和元）年十一月のローマ教皇来日の際には、広島の平和記念公園で行われた「平和のための集い」にご招待いただきました。ほかに天台宗、全日本仏教会、神社本庁、教派神道連合会、新日本宗教団体連合会、広島県宗教連盟の代表など、十一人の方々が招かれた中で教皇にお話をしました。

その際、すべての人がお互いの宗教を敬い、協力して世界平和へ取り組んでいける社会となるようともに努めていくことが重要だとの思いを申しあげました。

仏教では暴力について、どんなふうに考えていますか？　パワハラ、セクハラなどに対して、どう考えるべきでしょうか？

すべての者は暴力におびえる。すべての（生きもの）にとって生命は愛しい。己《おの》が身にひきくらべて、殺してはならぬ。殺さしめてはならぬ。

（『ブッダの真理のことば　感興のことば』二八頁）

仏教で大切にするのは「己が身にひきくらべて」という視点です。自分自身のことを大切にするように、ほかの人のことも大切することが仏教の理想です。ですから、暴力やパワハラ、セクハラは許されることではありません。

しかし、厚生労働省のホームページによれば、平成三十年度の「いじめ・嫌がらせ」に関する相談件数は約八万件を超えており、パワハラ、セクハラの問題は深刻です。特に、セクハラ、妊娠・出産、育児休業などに関する相談件数が多いことは、女性の被害が多いことを示していると考えられます。

では、なぜ暴力やハラスメントが起きてしまうのでしょうか。たとえば、厚生労働省のホームページには、「男性だから」「女性だから」といった「固定的な性別役割分担意識に基づいた言動」がセクシャルハラスメントの原因や背景になる可能性があると指摘されています。

また、ほかの人の身になって考えることができないということも考えられます。「私はこんなに苦労しているのに、あの人は楽をしている」「あの人はこうすべきなのに」という思いを相手に言葉でうまく伝えられないことから、暴力をふるってしまうのかもしれません。加えて、特に暴力は、自己中心的な心だけに原因を求められない場合があることに気をつけなければなりません。それは「暴力が世代を越えて連鎖する」という問題です。こうした側面は、社会的課題として取り組まなければなりません。

こうした多様な問題がある中で、大事にしたいことは、

他人の過失を見るなかれ。他人のしたこととしなかったことを見るな。ただ自分のしたこととしなかったこととだけを見よ。

（『ブッダの真理のことば　感興のことば』一七頁）

というお釈迦さまの言葉です。

仏教は、すべてのとらわれから離れることを教えます。相手を意のままに動かすことは不可能です。それでも、その不可能なことをなそうとして、あなたは他人にとらわれているのではないでしょうか。

まずは、そうした思いが自己中心的な発想からきていると自覚することが第一歩です。自己中心的な思い、煩悩は簡単には克服できません。自己中心的な思いから離れられず、相手の身になって考えることができない。そういう自分への気

づきが仏教における原点です。

他人の喜びを私の喜びとし、他人の悲しみを私の悲しみとするのが仏さまです。まずはそこからかけ離れた自分に気づくことで、至らない私のあり方というものが気になってくるでしょう。そういう至らない私であっても、仏さまのまねごとをすることで、少しずつ自身の生き方がつくり変えられていくのです。

実にこの世においては、怨みに報いるに怨みを以てしたならば、ついに怨みの息《や》むことがない。怨みをすててこそ息む。これは永遠の真理である。

（『ブッダの真理のことば　感興のことば』一〇頁）

人との関係性を「しがらみ」とみるか、「つながり」とみるかで世の中の見え方は大きく違ってきます。他人の過失を見ず、自分の行いを見つめ、整えていくことで、さまざまな人の間にあって、非難にも、また称賛にも動じずにいられるでしょう。完全にはできなくともお互いにそういう心持ちであれば、「しがらみ」は「つながり」と見えてくるに違いありません。

そもそも人はすべてのものとの関係性の中に生きています。つながり合って生きていることのすばらしさに思いが至らないのは、大変残念なことです。

第2章

亡くなった人とのつきあい方

亡くなった人を供養するために何をしたらよいのでしょうか？

自分にできることがあるなら、「亡くなった人」のために何かしてあげたい。この「何かしてあげる」こと、たとえば、僧侶に読経をしてもらう、故人の好きだったものを仏壇やお墓にお供えする、定期的にお墓参りをするといったことが「供養」「先祖供養」だと一般的には思われているようです。

「供養」という言葉は、もともと「尊敬すること」「礼拝すること」などという意味があり、そこから、お釈迦さまやサンガ（出家修行者の集団）に対して尊敬の思いをもって食事や衣服などを捧げることを表すようになりました。

けれども現在では「供養」という言葉は、生きている方に対してではなく、多くの場合には故人に対して用いられています。

私たちは、どんなに愛しい人であってもいつかは必ず別れなければなりませんが、それでも、故人に対して生前にああしてやりたかった、こうしてやりたかったという自分の思いを届けたいというのが人情です。そのため供養は、時代や場所を問わず、とても大切な行為として行われ続けてきました。

そうした中で、聞かれたことがある方もいらっしゃるかもしれませんが、「浄土真宗では供養はしません」という言い方がよくされます。なぜそのようにいわれるのかということからご説明いたします。

親鸞聖人の弟子である唯円が著した『歎異抄』の第五条に、親鸞聖人が供養について次のように仰っていたと記されています。

親鸞《しんらん》は父母《ぶも》の孝養《きょうよう》のためとて、一返《いっぺん》にても念仏申《ねんぶつもう》したること、いまだ候《そうら》はず。

（『浄土真宗聖典　註釈版』八三四頁）

【訳文】

私、親鸞は亡き父母の追善供養のために念仏したことは、かつて一度もありません。

親鸞聖人は、亡き父母の追善供養のために一度も念仏したことがない、と明言されています。とても驚く言葉だと思います。なぜこのようにいわれたのでしょうか。

追善供養とは残った者が善根《ぜんごん》を修め、その功徳《くどく》によって亡き人を輪廻の苦しみから救うということですから、供養のためには「何か」をしなければなりません。つまり「具体的な行為」が求められています。では、「毎日、朝晩、家族全員そろって仏壇の前で読経すること」が供養するためには絶対に必要だと決められたら、皆さんはできるでしょうか。「家族全員そろって」、しかも「朝晩」となると難しいご家庭も多いのではないでしょうか。

つまり、「供養のために○○する」と決められた途端に、「できる人」と「できない人」ができてしまいます。では、「できない人」は「供養できない」のでしょうか。また、「○○する」にも段階、たとえば上・中・下があって、上の段階と下の段階とでは「供養」に違いがあるのでしょうか。

このように具体的な行為が供養であるとすると、どうしても「できる人」と「できない人」の差が生まれてしまいます。そして、「できる人」が少数になるような「供養」のための行為は非常に高度な行為といえます。

では、誰もができることとして「念仏」はどうでしょうか。「念仏」であれば、誰でも、どんなときでもできるかもしれません。

しかし、親鸞聖人は供養のために念仏したことはない、と仰っています。浄土真宗において「南無阿弥陀仏」の念仏は、私が称《とな》えるものではありますが、阿弥陀さまのはたらきが私を通して現れてくださったものだと受け止めます。

阿弥陀さまのはたらきであるお念仏を、私たちの都合によって「供養」のための「手段」として用いることはできないのです。そのことを親鸞聖人は、先ほどの言葉に続いて次のように仰っています。

わがちからにてはげむ善《ぜん》にても候《そうら》はばこそ、念仏《ねんぶつ》を回向《えこう》して父母《ぶも》をもたすけ候《そうら》はめ。

（『浄土真宗聖典　註釈版』八三五頁）

【訳文】

念仏が自分の力で努める善《よ》きおこないでありますなら、その功徳によって亡き父母を救いもしましょうが、念仏はそのようなものではありません。

浄土真宗のみ教えは、人は亡くなれば、阿弥陀さまのはたらきによって浄土に往生させていただき、さとりを開き、阿弥陀さまと同じように私たちを導いてくださっているというものです。ですから、何かのため、たとえば亡くなった人のために特別に「供養」するということはありません。故人を偲《しの》びつつ、生前のご恩、また、いまは仏さまとして見守っていてくださることに感謝して念仏する中で、私たちが阿弥陀さまのみ教えを聞き、諸行無常の世の中を精一杯生きていくことこそが大事なのです。

仏壇にお供えすべきものは何ですか？　毎朝、お花、お水、お茶、お線香、ご飯をお供えしたほうがいいのですか？　お供えしたものは、いつ、下げたらいいのですか？

仏壇に関して種々ご質問いただいておりますが、ご質問にある「すべき」「したほうがいいか」という言葉に注目しながらお答えしたいと思います。

「すべきかすべきでないか」という問いは、「すべき」と「すべきではない」を分ける基準が大事になります。

たとえば、「小学生に携帯電話を持たせるべきか」という問いには、小学生の家族構成、習い事の有無、通学路を含む周囲の状況、友だちとの関係など、多様な基準から判断されると思います。

では、仏壇にお供えすべきものとすべきではないものを分ける基準は何でしょうか。それは、仏壇をどういうものと考えるか、です。「仏壇」とは、それぞれの宗派のご本尊をご安置する壇のことで、浄土真宗では阿弥陀さまがご安置され、その阿弥陀さまの浄土を表しています。亡くなられた方がおられる場所でも、亡くなられた方を顕彰する場所でもありません。ですから、お供えは、阿弥陀さまにお供えするにふさわしいもの、あるいは、阿弥陀さまの浄土にふさわしいもの、ということが基準になります。

さて、ここまで「お供え」という言葉を使いました。しかし、「お供え」という言葉は非常に広く、ご質問にあるような「お花」「お線香」などだけでなく、故人の好きだったお酒やタバコなど多様なものを含んでいます。そこで、お供えのうち、仏壇の「荘厳《しょうごん》」といわれるものについてご説明したいと思います。

まず最も大切なことは、浄土真宗において「荘厳」は、すべてのいのちをわけへだてなく慈しまれる阿弥陀さまのお徳のすばらしさを讃《たた》えるためのものと考えるということです。これを「仏徳讃嘆《ぶっとくさんだん》」といっています。ここでは、仏壇の荘厳の基本となる三具足《みつぐそく》（蠟燭立《ろうそくたて》・香炉《こうろ》・花瓶《かひん》）に関して、ロウソクに火を灯し（灯）・お香を焚き（香）・お花を生ける（華）ことの意味についてお話しいたします。

まずロウソクに火を灯す理由です。火をつけると「明るさ」と「温かさ」が周囲に広がります。これはそれぞれ、ありのままの真実を見る阿弥陀さまの智慧《ちえ》と、あらゆるものを救う阿弥陀さまの慈悲を表しています。

次に、お香です。お香には、香の匂いをかいで、阿弥陀さまの浄土を想い、阿弥陀さまのお心に触れるという意味があります。先ほど、「かいで」といいましたが、経典ではほとんどお香を「聞く」と表現され、「嗅ぐ」とはいわれていないことに注目したいと思います。つまり、お香の香りをかぐことは、阿弥陀さまを敬い、そのみ教えを聞いていくという意味を含んでいるのです。

最後に、お花（華）です。お花は、私から阿弥陀さまへ、敬いの心からお供えし、そのご恩に感謝する気持ちを表すものですが、それだけではありません。仏壇の花は阿弥陀さまのほうではなく、私のほうに向けて置かれることから、私がお供えした花は、先に述べたロウソクの火と同じように、私に注がれている阿弥陀さまのお心を表しているのです。いのちを精一杯輝かせ咲いている花を通して、生かされているいのちに気づかせていただきましょう。

灯・香・華の意味から気づいていただきたいのは、私たちはあくまで阿弥陀さまへの敬いの心から仏壇を荘厳するのですが、それは「阿弥陀さまのお心」を表しているということです。そのため、お花に関してトゲや毒がある花、悪臭を放つような花は避けるべきです。また、造花もふさわしくありません。可能な限り季節に応じた生花を用いていただき、水の入れ替えや枯れないうちに新しい花と交換することを忘れないでいただきたいと思います。

次に「ご飯（お仏飯《ぶっぱん》）」についてお話しします。西本願寺では、毎朝ご飯を炊いてお仏飯をお供えしています。

お仏飯をお供えすることは、インドでお釈迦さまに食事を捧げたことに由来するといわれます。伝えられるところでは、お釈迦さまは一日一食で、それも午前中に済まされたとのことです。

この故事にちなんで、いまでも朝のうちにお仏飯をお供えし、午前のうちにお下げします。したがってお仏飯は、毎朝ご飯が炊ければ一番にお供えし、午前中にはお下げいただき、お下がりとしていただくのです。

なお近年は、パン食や朝は食べないという方も多くなっていますので、そのような場合は、ご飯を炊かれたときには仏飯器によそってお供えしていただきたいと思います。

最後に、ご質問にある「水」ですが、水をお供えする理由として「仏さまや故人ののどを潤すため」といった言い方をされることがあります。これは、先ほどの仏壇のとらえ方からすれば否定され、水やお茶をお供えする必要がないことは理解いただけると思います。

お供えしてはいけないものはありますか？

――亡くなった人がワインを好きだったら、ワインをお供えしてもいいのですか？

先にお供えについてのご質問の際に、「仏壇」とは、阿弥陀さまをご安置する壇のことで、阿弥陀さまの浄土を表したものだとお答えしました。ですから、「お供えは、阿弥陀さまにお供えするにふさわしいもの、あるいは、阿弥陀さまの浄土にふさわしいもの、ということが基準になります」と述べました。このことを踏まえたうえで、ここでは食べ物のお供えについて述べたいと思います。浄土真宗では、食べ物のお供えを「供物《くもつ》」といい、餅・菓子・果物を基本としています。食べ物は、私たちのいのちを支え、生かしていくために欠かせないものです。そうしたいのちを支えてくれる恵みに感謝し、阿弥陀さまからの「お下がり」としていただくことが大切です。

このようにお答えしますと、故人が好きだったもの、故人が大事にしていたものをお供えし、故人を偲ぶ縁とすることそのものを否定していると感じられるかもしれません。

しかし、誰もが持つ故人を偲ぶという思いや、何か故人に関わるものを大切にしたいという思いを否定したいのではありません。ですから故人に関わるものを大切にしておきたい場合は、仏壇とは異なる場所、たとえば、仏壇の側に別に机を設けるなどして置いていただきたいと思います。

亡くなった人はお墓にいるのですか?

お墓参りは、日本に深く根づいている風習の一つであり、お墓参りは年齢、性別を問わず、多くの方々が行われています。西本願寺には、大谷本廟《おおたにほんびょう》(京都市東山区)という墓所があります。ここには、親鸞聖人のお墓だけでなく、全国の門信徒の方々のご遺骨がお墓、あるいは納骨堂におさめられています。一年を通して多くの方がお参りされますが、特に春・秋のお彼岸やお盆にはたくさんの方々がお参りにこられています。

お墓参りに関して、とても印象的な光景があります。お墓参りをされている方が故人に話しかけているという光景です。

たとえば、故人との思い出、前回お墓参りをされてからどんなことがあったのかとか、お孫さんの成長、将来への決意など、本当にさまざまなことを故人に話しかけられています。

また、二〇〇一年九月十一日に起きたアメリカ同時多発テロのあと、日本で有名になった歌がありました。その歌では「そこに私はいません」と、お墓に故人はいないのだと歌われていました。この歌にあるように、故人がお墓だけではなく、さまざまなところから私たちを見守り続けている、という感覚をお持ちの方もおられるでしょう。

このような日常的な光景がご質問の背景なのかもしれません。ですから、こうした光景を念頭に置いたうえで、ご質問を考えていきたいと思います。

では、なぜお墓参りをするのでしょうか。

浄土真宗では、亡くなった方は阿弥陀さまのはたらきによって、浄土に往生しさとりを開かれます。そして、私たちも同じように、阿弥陀さまのはたらきに出遇うことができるようにはたらきかけられています。

お墓参りとは、故人を偲び、これをご縁として、故人の私たちにかけられた願いを聞き、諸行無常の理《ことわり》の中、確かな依りどころであるお念仏を味わわせていただくというものです。

大谷本廟は、親鸞聖人のご遺徳を偲ぶ多くの方々によって建立、護持されてきた廟堂です。全国の門信徒の皆さんのご遺骨がおさめられているのも、親鸞聖人のご遺徳を偲び、少しでも親鸞聖人の側《そば》にいたい、という思いからなされているのです。

現代の人々にとって、仏教をはじめとする宗教に対して、ご質問にあるような「ある」「ない」を問うことは避けることができないと思います。「神」や「仏」はいるのかいないのか。「天国」や「浄土」はあるのかないのか。人が亡くなったあと、「何が」浄土へと往くのか。

このような一つひとつに対して、それぞれの宗教や仏教各派において、それぞれの教えから説明がなされています。ここでは浄土真宗の立場でお答えしましたが、今回のような問いが、み教えに触れる機縁になればと思います。

お彼岸にお墓参りをするのはなぜですか？　また、正しいお墓参りについて教えてください。

春分の日・秋分の日を中心にした七日間を一般には「お彼岸」といい、お墓参りにいかれる方も多いと思います。これは、正式には「彼岸会《ひがんえ》」という仏教の恒例法要です。

「彼岸」とは、さとりの世界、浄土のことで、私たちが生きるこの世界のことを「此岸《しがん》」といいます。『仏説阿弥陀経《ぶっせつあみだきょう》』に「これより西方《さいほう》に、十万億《じゅうまんおく》の仏土《ぶつど》を過《す》ぎて世界《せかい》あり、名《な》づけて極楽《ごくらく》といふ」（『浄土真宗聖典　註釈版』一二一頁）と説かれていることから、阿弥陀さまの浄土である極楽は、西方にあるといわれています。この「浄土は西方にある」ということは、遙か西の方角に実体としてあるということではありません。

では、なぜ「西方」なのでしょうか。

このことは、七高僧の中の曇鸞大師《どんらんだいし》、道綽禅師《どうしゃくぜんじ》、善導大師《ぜんどうだいし》が説かれていますが、煩悩から離れることのできない私たちのために方角を示し、私たちが往生し、救われていく間違いのない世界が現に存在することを知らせるために説かれていると受け止められています。

仏教の修行に「観察行《かんざつぎょう》」という、極楽世界のありさまと、阿弥陀さまと菩薩たちを心に描いて瞑想《めいそう》を深める方法があります。

その第一段階が「西に沈む夕陽を心に想いうかべ、その彼方《かなた》にある極楽浄土を想え」というものです。西の方角に心を集中する「日想観《にっそうかん》」といわれます。

春と秋の彼岸の中日には、太陽が真東から昇って真西に沈みます。ですから、日没の方角が、その日には正確に浄土のある方向を示しているとされました。このことから彼岸は参拝に最も適した日であるとして、お墓参りの風習が広がりました。

昔の人は、亡くなった方への追慕を通して、仏教とのご縁を深めてきました。浄土真宗では人が亡くなることを「浄土に往生する」といいます。そして、阿弥陀さまの世界である浄土に生まれ、さとりを開き、またこちらに還《かえ》ってこられると説いています。

「お盆には亡くなった方の魂が還ってこられる」と聞いておられる方がいらっしゃるかと思います。

そもそも何のために往生された方が「此岸」というこの世に還ってこられるのだと思いますか。それは、浄土真宗の教えからいえば、阿弥陀さまのお心、さとりの真実を私たちに伝えるためです。

浄土真宗では、お盆限定で還ってこられるとはいいません。なぜなら、亡き人は、お盆の時期だけに限って、あなたに阿弥陀さまのお心、さとりの真実を伝えにこられるわけではないからです。

亡き人は、いつもあなたが阿弥陀さまのお心に気づくことを願われています。

ご質問には「正しいお墓参りを知りたい」とありました。浄土真宗のお墓参りとは、「先祖の霊を慰めるため」にされるのではなく、先述のように故人を偲びつつ、故人の私たちにかけられた願いを聞き、あらゆるものは変化しているという諸行無常の理の中で、私たちの生きる確かな依りどころであるお念仏を味わわせていただくことです。

ここで皆さんにもう一つお伝えしたいことがあります。それは、「お墓にお参りされる機会には、あわせてお寺の本堂にお参りいただきたい」ということです。故人の思いを受け止め、浄土真宗へのご縁を深めていただくためにも、ご本尊である阿弥陀さまがいらっしゃるお寺の本堂にお参りいただきたいのです。

亡くなった人への法要は何回忌までするのがよいのでしょうか？

「亡くなった人への法要」は、一般的に「法事」と呼ばれています。ほとんどの方々は、法事に出席されたことがあるのではないでしょうか。法事は、お墓参りと同様、日本に根づいている宗教行事といえます。

法事、あるいは年忌《ねんき》ともいわれていますが、これは亡くなった方の祥月命日《しょうつきめいにち》（一周忌以降における故人の死去の当月当日）に営まれるものです。亡くなった翌年を一周忌、その翌年が三回忌となります。これは、亡くなった年を一として、数え年で計算するからです。

以降、七回忌、十三回忌、十七回忌、二十五回忌、三十三回忌、五十回忌、百回忌が行われることが一般的だと思います。地域によっては、二十五回忌を二十三回忌と二十七回忌に分けて行われるところもあります。

しかし、近年では法事を長く続けられない状況もあるようです。この背景には、核家族化、高齢化という状況の影響も大きいのではないかと思います。

たとえば、近年では八十歳、九十歳までご存命の方が多くいらっしゃいます。そうした方々が亡くなった場合、お葬式や法事の中心は六十代から七十代になられたお子さま方と考えられます。そのような場合、十三回忌を行おうとした際には、お子さまは七十代から八十代、二十五回忌であれば八十代から九十代になられています。八十代、九十代までご存命である方が多い長寿社会だとしても、高齢化が進むと一カ所に集まることにも困難がともないます。

また、孫世代の方々が中心にと考えても、五十代から六十代という年代であればまだまだお仕事が忙しいときでしょうし、それ以上に祖父母世代と離れて生活され、一緒に暮らされていない場合、祖父母世代の法事を行うということに積極的でない場合も考えられます。

ご質問も、法事を長く続けていくことが困難になる状況を見越してされているのだと思いますし、非常に現代的なご質問だと思います。

そこで、ご質問にある「何回忌までするのがよいか」という点に注目したいと思います。継続されていくことに対して、どこまでしたらいいのかという疑問を持つことは一般的なことです。

たとえば、インターネットに結婚の際お世話になった仲人の方に対していつまでお歳暮を送ればいいかという質問がありました。これは、いつまで（どれぐらいまで）お歳暮を送れば、「相手への感謝の意が伝わったことになるのか」ということを気にされているようで、一般的には結婚後三年が目処《めど》だそうです。

つまり、「どこまでしたらよいか」という問いは、「どこまでしたら（何らかの）目的が達成されるのか」という問いと考えることもできるのではないでしょうか。

こうした考え方をご質問の法事に当てはめれば、故人を弔うためには、あるいは、故人をきちんと成仏させるためには何回忌まで法事をやるのがよいのか、という質問となります。

もしこのようにお考えであれば、浄土真宗ではそれは否定されます。何回忌までやったから故人を弔うことになる、といった考え方はしないからです。

浄土真宗における法事とは、故人の命日を通して亡き方のご遺徳を偲びつつ、み教えを聞かせていただき、お念仏の教えに生かさせていただくご縁として行われるものです。ですから、何回忌までやったらいい、何回忌までやらなければならない、などということはありません。

一般の方々の中には法事とは、「意味はわからないけど、やらなければいけないもの」「せっかくの休日に時間をかけてやらなければいけないもの」と感じる方もおられるかもしれません。

しかし、日本での法事には、故人を偲んで家族・親族をはじめとする有縁の方々が集い、故人のことはもちろんのこと、日常の出来事や悩みを話し合う場が存在していたように思います。

近年では、法事に家族・親族が集まることも困難であったり、核家族化や少子化にともなう家族の縮小もあるかと思います。しかし、法事は、迷いの世界を離れることのできる道である「生死出づべき道」を聞かせていただく大切な場です。法事において、故人とご縁のあった方々が少しでも集まり、改めてご縁を深めるとともに、阿弥陀さまのみ教えを聞かせていただくことで、私たちが生かされて生きていることに改めて気づいていただきたいと思います。

お葬式での作法について教えてください。

現在、仏教にあまりご縁のない方が仏教儀礼に出あう機会といえば葬儀（お葬式）でしょう。特に日本の場合、鎌倉期以降、僧侶が葬儀に積極的に関わることによって、人々の間に仏教が浸透したといえます。親しい人の死は、ほかでは学ぶことのできない多くのことを学ぶ場でもあります。

仏教では「生死」といって、生まれることと死ぬことは一体のものととらえますが、「死」は現代ではどんどん人々の暮らしから遠くなっています。医療の進歩で寿命が延びたこと、病院で亡くなる方が増えたこと、核家族が増えたことなどで、人の死に立ち会うという機会は減ってきました。しかし、どんな人も死を逃れることはできません。

仏教にこのようなお話があります。ようやくよちよち歩きができるようになったばかりの一人息子を亡くした母親がいました。悲しみに打ちひしがれた彼女は、息子を生き返らせる薬を求め、お釈迦さまのもとを訪ねます。お釈迦さまは母親に、一人も死人が出たことのない家から、白いケシの実をもらってくるようにいいました。

母親は町中の家々を訪ねますが、ケシの実をもらってくることはできませんでした。ケシの実はあっても、死者が出たことのない家は一軒もなかったからです。このような方法で、死というものが生まれた者の逃れられない定めであるということをお釈迦さまは母親にお教えになったのでした。母親はこれに気づき、出家してお釈迦さまの弟子となりました。

生きることだけに価値を見いだし、親しい人に対し「死んでほしくない」と思い、また「死にたくない」とあがくことは、この母親がケシの実を求めて町中をさまよっているようなものです。

浄土真宗では、葬儀は故人を偲ぶとともに死を見つめ、自分自身の生き方を問いなおす大切な時間ととらえます。死を見つめることで、また生も鮮やかになります。最も肝心なことはこのことで、お葬式での儀礼としての作法は、その思いを表すものです。

作法で困ったときは、お寺の方に相談してください。ご相談されるお寺がない場合、たとえば浄土真宗本願寺派では作法の動画をホームページで公開していますし、各宗派やお寺のホームページや書籍を参照されるのもよいと思います。

また、浄土真宗では葬儀の日時を決めるにあたって、「友引を避ける」などにはこだわりません。「六曜《ろくよう》（先勝《せんしょう》・友引《ともびき》・先負《せんぷ》・仏滅《ぶつめつ》・大安《たいあん》・赤口《しゃっこう》）」という昔の暦に基づく語呂合わせから、死者が友を引き連れては困ると、友引にあたる日に葬儀を行わないという慣習が生まれたのですが、浄土真宗ではこうした考えは迷信として否定しているからです。そして、出棺にあたっての清め塩の散布もしません。この「清め塩」というのは、「ケガレ（穢れ）」という考え方に関わっています。古来日本では、「死（あるいは死体）」を穢れたものだと考え、それを清めるために「塩」を用いていたのですが、浄土真宗には「ケガレ」という考えがありませんので、「清め塩」を用いる必要がないのです。

浄土真宗は、亡くなった方は、阿弥陀さまのはたらきによって、いのちを終えるとただちに浄土に往生し、さとりを開いて、仏さまとなられるという教えです。葬儀となると、いろいろな方が作法についてアドバイスをされると思います。その中には、浄土真宗の教えにそぐわないものが含まれていることもあります。

親しい方を亡くした折に、いろいろな話を聞き、「こうしなければ亡き人が困る」などといわれると、日ごろ浄土真宗の教えを聞いていたとしても、心揺らぐことがあるかもしれません。しかし、亡くなった方はすでに仏さまとなり、迷っているのは遺された私自身であることに気づけば、おのずから何が正しいかは了解されると思います。

自分の宗派とは違う宗派のお葬式に行くときに、どんなことに気をつければいいのですか？

自分の宗派とは違うお葬式に行くとき、まず気になるのは作法のことでしょう。人と違うことをして恥をかかないか、失礼に当たらないかと、相手の宗派を重んじることは大切ですが、それればかりに気をとられていては亡き人を偲ぶ気持ちにも、その死を通して自分自身と向き合う気持ちにも水をさされることになります。

自分の宗派とは違う宗派のお葬式に行くときも、自分の宗派の作法で参列します。これは決して相手の宗派をないがしろにするということには当たりません。にわか勉強で身につけた作法で参列するよりも、自分が親しんだ宗派の作法で参列するほうがふさわしいのです。

同じ仏教であっても、お焼香の作法などは異なります。

浄土真宗本願寺派では、お焼香は阿弥陀さまを敬い、そのみ教えを聞くということをお香をお供えすることで表す作法です。右手で香を一回だけつまみ、いただかずにそのまま香炉に入れ、合掌礼拝します。同じ浄土真宗でも複数回という作法のところもありますし、宗派が違えば額の前に押しいただくという作法のところもあります。

このような多種多様な作法を、相手とその場に応じ使い分けなければならないと、その確認に心をくだくことはあまり意味がありません。

日本では「型」という考え方があります。儀礼や儀式もそうであれば、古典芸能などにも「型」があり、型通りに行うことで、個性を超えた敬いや感情を表現することが行われてきました。それぞれの宗派の作法も同じことで、それぞれ一つ一つの動作に意味があります。

ですから、自分の宗派の作法で、亡き人を偲ぶ気持ちや、感謝の気持ちを持って参列しましょう。

浄土真宗の葬儀は、亡き人もご遺族も、ともに阿弥陀さまのお慈悲の中に救い取られているという感謝の気持ちから営みます。そのような意味を踏まえつつご参列いただくことが最も大切なことです。

近ごろはお葬式を直葬や家族葬で済ませる人がいます。故人を偲ぶ気持ちがあれば、直葬や家族葬でもよいのでしょうか？

近年、「直葬《ちょくそう》」「家族葬」は急激に増加しているようです。また、本書でも法事の短縮の質問が出ていますが、これらは大きく葬儀の「縮小化」「簡易化」といえます。

こうした状況に対しては、浄土真宗本願寺派総合研究所が中心となって研究を続けています。研究成果のいくつかは総合研究所ホームページに掲載されていますので、ご覧いただければと思います。

さて、ご質問を二つのポイントに分けて考えたいと思います。「故人を偲ぶ気持ちがあれば」という点と、「直葬や家族葬でもいいのか」という点です。

最初に、後者の「直葬や家族葬でもいいのか」という点についてです。恐らくご質問された方は、直葬や家族葬が「伝統的な葬儀」、いわばこれまで行われてきた葬儀と随分異なっているように思われているのではないでしょうか。

たとえば、直葬や家族葬は、範囲はさまざまですが親族や近所の方といった故人に縁のあった方々でも参列されず、本当にごく身近な親族だけで行われる場合もあり、伝統的な葬儀を前提にすれば、「本当にそうしたやり方でいいのか」という疑問をお持ちになるのも当然のように思います。こうした疑問に対してですが、現代では直葬や家族葬にならざるを得ないという状況があることも知っていただきたいと思います。

超高齢社会とも評される日本社会では、長寿で亡くなられる方も多くいらっしゃいます。そうした方の葬儀の場合、すでに有縁の方が高齢であり葬儀に参列したくてもできないという場合もあるでしょうし、有縁の方が先に亡くなられている場合も多いのではないでしょうか。また、こうした場合、喪主になるお子さまたちもすでに仕事が定年になっていれば、仕事関係の方の参列も少ない場合があるでしょう。ですから、現代においては葬儀が縮小化することは否定できません。

また、現在の日本で注目されているのは、生涯未婚率の高さです。高齢の単身者の方の割合が高いという状況では、多くの親族、有縁の方が参列されることが不可能な場合が多い。あるいは、親族の方がほとんどいらっしゃらないという場合もあるといわれています。また、都市部においては、地方のように、その地域の中での親しい付き合いが少ない場合もあるでしょう。そのようなことを考えれば、「直葬」「家族葬」は「よくない」という言い方はできません。

しかし、「死」とは故人にとっても家族、親族にとっても大きな出来事です。「直葬」「家族葬」では僧侶を呼ばないという事例もありますが、葬儀の規模はどうあれ、それは人生における最も大切な儀礼です。

僧侶とともに葬儀を行い、私たちもまた故人と同じように阿弥陀さまのはたらきによって真実の信心一つで浄土へ往生させていただけるというみ教えを聞いていただきたいと思います。

次に、ご質問にある「直葬や家族葬だったとしても故人を偲ぶ気持ち」があればいいのかという問題です。たとえば、ご遺族が直葬や家族葬を行うことを選ばれる理由に、親族間に問題を抱えているため、あるいは多くの会葬者への対応が困難であるため、といったことがあります。

従来、喪主には親しい方の死にともなう悲しみの中で、過度な負担を強いられ、本来最も大切である故人の死に向き合うことができないこともありました。

「葬儀」とは、一人の方の「死」という厳粛な事実を前にして、有縁の方々が相集い、阿弥陀さまの前において、故人と関わりのあった一人ひとりが故人を偲び、真摯に故人と向き合う大切な場です。また、それとともに葬儀に参列する一人ひとりが自分自身の「生」と「死」に向き合っていく場でもあります。

最初に述べましたように、葬儀が縮小化していくことは時代の変化です。しかし、それは葬儀が「必要ない」ということではありません。「葬儀」において、私たちは「死」の事実と向き合うことになります。

私たち人間は限りある存在であり、誰もがいずれは死を迎えます。それを「わがこと」、自分自身のこととして生死の問題に向き合い、そうした私たちをこそ救おうとされるのが阿弥陀さまであると気づいていく大切な仏縁の場、それが葬儀です。

こうしたことを、現代において少しでも伝えられるよう私たち僧侶も努力し続けていくことが必要であると思っています。

第3章

親鸞さまが教えてくれた生き方とは

浄土真宗とはどんな宗教なのですか？

「どんな宗教か？」という質問に対して、「浄土真宗」という言葉が何を言い表しているのかという点からお答えしたいと思います。

恐らく「浄土真宗」という言葉は、「浄土真宗本願寺派」という宗名（宗派の名前）を指して用いられることが一般的ではないかと思います。しかし、浄土真宗の宗祖である親鸞聖人は、生涯一度もそのような意味で「浄土真宗」という言葉を使われたことはありません。

親鸞聖人は大変多くの著作を残されていますが、その中で用いられる「浄土真宗」という言葉は、すべて「教え」の意味で使われています。つまり、「浄土真宗」という言葉には、「教え」の意味と「宗派」の意味とがあるのですが、ここでは浄土真宗という「教え」についてお答えさせていただきます。

まず、親鸞聖人の主著である『顕浄土真実教行証文類《けんじょうどしんじつきょうぎょうしょうもんるい》』（『教行信証《きょうぎょうしんしょう》』）「教巻」の冒頭に、「大無量寿経《だいむりょうじゅきょう》　真実《しんじつ》の教《きょう》　浄土真宗《じょうどしんしゅう》」（『浄土真宗聖典　註釈版』一三四頁）とあります。『大無量寿経』（『仏説無量寿経』）という経典に説かれている教えが、「真実の教」であり、そのことを「浄土真宗」と示されています。

そして、親鸞聖人は、『仏説無量寿経』に説かれた「真実の教」は、阿弥陀さまの本願を説くことが要《かなめ》であり、阿弥陀さまの名号《みょうごう》を本質とすると示されました。阿弥陀さまの本願とは、阿弥陀如来という仏さまが法蔵という名前の菩薩の位であったときに私たちを救うために建てられた願いのことで、『仏説無量寿経』には四十八の願い（四十八願）が説かれています。

その中でも特に十八番目の願いである第十八願のことを「本願」、あるいは「選択《せんじゃく》本願」といいます。第十八願には次のように説かれています。

たとひわれ仏《ぶつ》を得《え》たらんに、十方《じっぽう》の衆生《しゅじょう》、至心信楽《ししんしんぎょう》してわが国《くに》に生《しょう》ぜんと欲《おも》ひて、乃至十念《ないしじゅうねん》せん。もし生《しょう》ぜずは、正覚《しょうがく》を取《と》らじ。ただ五逆《ごぎゃく》と誹謗正法《ひほうしょうぼう》とをば除《のぞ》く。

（『浄土真宗聖典　註釈版』一八頁）

【訳文】

私が仏になるとき、すべての人々が心から信じて、私の国に生れたいと願い、わずか十回でも念仏して、もし生れることができないようなら、私は決してさとりを開きません。ただし、五逆といった重い罪を犯したり、仏の教えを謗《そし》るものだけは除かれます。

阿弥陀さまは、あらゆる人々を救おうと願われ、第十八願には「信じ念仏するもの」は浄土に往生できることが誓われています。浄土真宗も含め仏教の目的は、成仏（仏に成ること）です。仏教では、その成仏のために種々の修行が説かれています。阿弥陀さまは、あらゆる人々を救うためにその中から特に「念仏」を私たちの往生のための行《ぎょう》として選び取られたのです。このことから、「本願」を「選択本願」ともいうのです。

ここで一つ問いを出してみましょう。

「すべての人々を救う」ために本願に誓われた「信じ念仏する」ということは、「救い」のための条件なのでしょうか。仮に条件であるならば、「信じ念仏していないもの」、あるいは「念仏」を一生涯していない方やできない方はどうなるのでしょうか。

まず「信じ念仏する」ことが条件なのかどうかですが、親鸞聖人は条件とは理解されませんでした。親鸞聖人は、阿弥陀さまの本願を「念仏したものを救おう」ではなく、阿弥陀さまが「あらゆるものを信じさせ、念仏させて人々を救おう」、「誰一人として漏らすことなく、仏法に背を向けているような者であっても、本願を信じ念仏する者に育てあげよう」と誓われていると理解されたのです。

なぜなら、「条件」をつけてしまえば、必ず「条件となっていることができない人」や「条件をクリアしたから救われると考える人」が出てくるからです。

阿弥陀さまの救いは「無条件の救い」といわれます。これは、阿弥陀さまの「必ず救う、われにまかせよ」のよび声によって、私たちが「信じさせ、念仏させられて、往生させられていく」ことを言い表しています。

ですから、私たちが「南無阿弥陀仏」と称えていることが名号の活動しているすがたにほかならず、阿弥陀さまのはたらきが届いているということなのです。

名号は常に衆生を信じさせ念仏させるというあり方で活動しているのであり、私たちがいま「南無阿弥陀仏」と称えているままが、阿弥陀さまのはたらきであるといただいていく。念仏するという行為そのものに功徳があるのではなく、念仏となってはたらく名号の功徳によって往生させていただく。これが浄土真宗の教えです。

このように阿弥陀さまはあらゆる人にはたらきかけ、私たちは「信じ念仏する者」にお育ていただいています。しかし、残念ながら一生涯のうち阿弥陀さまの本願を聞かせていただく機会や念仏する機会がなかった方がいることも間違いないでしょう。そうした方々は「救われていない」ということは、文字通りに解釈すれば正しいのかもしれません。あるいは、そうした方々も救われているはずだと味わえる世界があるのかもしれません。

しかし、まず大事なことは、私たちが、亡き人は救われたのかどうかを論じるべきではないということです。そうではなく、私たちがいますでに、阿弥陀さま、そしてさまざまな方々のはたらきによって念仏させていただいていることに感謝できる教えに出遇っているということです。

お坊さんには坊主頭の人とそうでない人がいますが、違いは何ですか？

近年、坊主頭の方は減少しているのではないでしょうか。たとえば、甲子園に出場する高校球児を見ても、坊主頭ではない場合も多くなってきたように思います。そうした中で、坊主頭といえばお坊さんという認識が一般的なのではないでしょうか。

確かに、学校教育で用いられる教科書に出てくる有名なお坊さん、たとえば、伝教大師最澄、弘法大師空海や、親鸞聖人の師である法然聖人などはみな坊主頭ですし、もちろん親鸞聖人も坊主頭です。

しかし、近年のお坊さんを見ると、坊主頭の方とそうでない方がいらっしゃることがご質問の背景にあるのだと思います。

ここではまず、お釈迦さまと親鸞聖人の剃髪《ていはつ》について述べたいと思います。

お釈迦さまは八十年の生涯を送りました。皆さんは「天上天下唯我独尊《てんじょうてんげゆいがどくそん》」という言葉を聞いたことがあるでしょうか。お釈迦さまは生まれられた直後、東西南北の方向それぞれに七歩ずつ歩き、その後、右手を挙げ、左手を下ろし「天上天下唯我独尊」と述べたと伝えられています。現在、日本の仏教各宗において四月八日にお釈迦さまの誕生を祝う花まつり（灌仏会《かんぶつえ》）が行われていますが、その際、お釈迦さまの像（誕生仏）に甘茶を注いでいます。このときのお釈迦さまの像が、「天上天下唯我独尊」といわれた際のおすがたとされています。

お釈迦さまの生涯にはさまざまな出来事があったのですが、一般的には八つに分けて説明されており、これを「八相成道《はっそうじょうどう》」「八相化儀《けぎ》」などといいます。『仏説無量寿経』にはお釈迦さまの生涯になぞらえつつ、

①受胎（兜率天《とそつてん》より母胎に宿る）

②出生（右脇から生まれる）

③処宮（宮殿で王子としての生活を営む）
④出家（王宮を出る）
⑤降魔《ごうま》（悪魔を降伏《ごうぶく》する）
⑥成道（さとりを開く）
⑦転法輪《てんぼうりん》（教えを説く）
⑧入涅槃《にゅうねはん》（滅度に入る）

の八相が説かれています。『仏説無量寿経』には、出家（在俗の生活を捨て、修行者の仲間に入ること）に際して髪を剃られたことを次のように説いています。

珍妙《ちんみょう》の衣《ころも》を捨《す》てて法服《ほうぶく》を着《ちゃく》し、鬚髪《しゅほつ》を剃除《たいじょ》し、樹下《じゅげ》に端坐《たんざ》し、勤苦《ごんく》すること六年《ろくねん》、行《ぎょう》、所応《しょおう》のごとくまします。
（『浄土真宗聖典　註釈版』四頁）

【訳文】

美しい服を脱ぎ捨てて出家者の身なりとなり、髪をそって樹の下に姿勢を正して座り、六年の間、出家者としてなすべき修行に励みました。

こうした経典の記述に従って、お釈迦さまの教えに集う出家者たちも、お釈迦さまに従って剃髪されたことがうかがえます。こうした伝統に従って、日本でも出家に際して剃髪していたのだと考えられます。

親鸞聖人が出家される際も剃髪されたことが、本願寺第三代宗主である覚如《かくにょ》上人が製作された『親鸞伝絵《でんね》』（親鸞聖人の生涯を記した文章と絵）に描かれていますし、『御伝鈔《ごでんしょう》』（『親鸞伝絵』の文章の部分）には、「鬢髪《びんぱつ》を剃除《ていじょ》したまひき（髪を剃り落とされた）」（『浄土真宗聖典　註釈版』一〇四三頁）とあることからわかります。

出家に際して髪を剃るということは、僧侶として歩み出す第一歩だともいえます。

出家者である僧侶にとって剃髪は大事なことでした。そして、親鸞聖人はその僧侶とは何かを自分自身の身に照らして考えられ、自分自身のあり方を「非僧非俗《ひそうひぞく》」と示されました。

しかれば、すでに僧《そう》にあらず俗《ぞく》にあらず。このゆゑに禿《とく》の字《じ》をもつて姓《しょう》とす。

（『浄土真宗聖典　註釈版』四七一頁）

【訳文】

だから、もはや僧侶でもなく俗人でもありません。このようなわけで、禿の字をもって自らの姓としたのです。

専修念仏《せんじゅねんぶつ》（専《もっぱ》ら称名念仏を修すること）の教えを説いた法然聖人を師と仰ぐ人々の集まりである専修念仏集団は、一二〇七（建永二）年、朝廷より弾圧を受けました。いわゆる「建永（承元）の法難」です。これにより四名が死罪、法然聖人、親鸞聖人を含む八名が流罪に処せられました。親鸞聖人は越後（現在の新潟県）に流罪となったのですが、流罪に際して、当時の僧侶は「僧尼令」に従って国家に帰属していたため還俗《げんぞく》させられ、「藤井善信《ふじいよしざね》」という俗名を付せられました。

これが先ほどの「僧にあらず（僧侶でもなく）」、すなわち、もはや国家に帰属する僧侶ではないという意味です。

では、本当に僧侶ではないかといえば、親鸞聖人は「俗にあらず（俗人でもない）」といわれています。つまり、国家に帰属する僧侶ではなくなったが、自分自身は念仏のみ教えに生きるものであるから、単なる俗人でもないといわれているのです。

親鸞聖人は、そうした「僧侶でもなく、俗人でもない」自分自身は「禿」を姓とするといわれています。「禿」とは、剃髪もせず、かといって髪を結うこと

（結髪）もしない姿を意味する言葉です。さらにこの「禿」に親鸞聖人は自分自身の愚かさを表す「愚」を冠して、「愚禿《ぐとく》」と名のられています。

現在、浄土真宗では僧侶が剃髪していることは絶対に必要な条件ではありません。そのため、剃髪されていない方も、剃髪されている方もいらっしゃいますが、阿弥陀さまの教えを聞き、念仏者として歩まれるということにおいて違いはありません。

「他力本願」とは、誰かの力を頼ることですか？　「自力本願」のほうが主体性があるのでしょうか？

「誰かの力を頼ることですか」というご質問そのものが、「他力《たりき》本願」という言葉の誤用が定着してしまっていることの表れです。「他力本願」は仏教用語の中でも世間一般に用いられる頻度が高いように思いますが、そのほとんどが「他人まかせ」といった意味で使われているように思います。

そこでまずお伝えしたいのは、「他力本願」とは「誰かの力を頼ること」ではないということです。

ではどのような意味なのかについて、ご質問にある「他力本願」「自力本願」という言葉を参照して、「他力」「自力」「本願」という言葉に分けてお答えしたいと思います。

最初に「本願」ですが、一般に本願とは阿弥陀さまが仏さまになる以前の菩薩の位のときに建てられた願いのことですが、浄土真宗ではあらゆるものを救いたいという阿弥陀さまの四十八の願いの中、特に第十八願をいいます。親鸞聖人はお手紙（「親鸞聖人御消息」）の中で、

ちかひのやうは、「無上仏《むじょうぶつ》にならしめん」と誓《ちか》ひたまへるなり。無上仏《むじょうぶつ》と申《もう》すは、かたちもなくまします。かたちもましまさぬゆゑに、自然《じねん》とは申《もう》すなり。（中略）弥陀仏《みだぶつ》は自然《じねん》のやうをしらせん料《りょう》なり。

（『浄土真宗聖典　註釈版』七六九頁）

【訳文】

阿弥陀仏の本願は、すべてのものを「無上仏にならせよう」とお誓いになっています。「無上仏」というのは、かたちを超えたこの上ないさとりそのも

のをいうのです。かたちを離れているから、「自然《じねん》」というのです。（中略）阿弥陀仏とは、「自然」ということを知らせようとするはたらきそのものなのです。

つまり、阿弥陀さまの誓い、本願は、すべてのものを「かたち」を超えたこのうえないさとりそのものにならせようとすることにあると示されています。

次に「他力」について、親鸞聖人は『教行信証』「行巻」に次のようにいわれています。

他力《たりき》といふは如来《にょらい》の本願力《ほんがんりき》なり。

（『浄土真宗聖典　註釈版』一九〇頁）

【訳文】

他力とは如来の本願のはたらきです。

「他力」とは、阿弥陀さまがあらゆるものを救いたい、このうえないさとりそのものにならせようという願いを実現させるべくはたらいている、そのはたらき（力）のことをいいます。そのため、「他力」と「他力本願」とは同じ意味です。あらゆるものを救いたいという願い（本願）のはたらきが「他力」だからです。最後に、「自力」について親鸞聖人は『一念多念文意』において次のようにいわれています。

自力《じりき》といふは、わが身《み》をたのみ、わがこころをたのむ、わが力《ちから》をはげみ、わがさまざまの善根《ぜんごん》をたのむひとなり。

（『浄土真宗聖典　註釈版』六八八頁）

【訳文】

自力というのは、わが身をたのみとし、わが心をたのみとすることであり、自分の力を頼って修行にはげみ、自分が行うさまざまな善を頼りにする人のことです。

「自力」とは、自分自身の力をあてにすること、頼ることです。自分自身の力をあてにし、その力によってさとりを開こうとするのです。たとえば、自分はこれほど修行したのだから成仏は間違いない。自分は朝晩欠かさず念仏したのだから救われるに違いないと考えるのが自力です。

そのため、「自力本願」という言葉は、「自分自身の力をあてにする阿弥陀さまの願い」といった意味になりますから、そもそも成り立たない言葉であることがわかると思います。

ご質問のように「他力本願」に対し、「自力本願」といったまったく意味をなさない言葉が用いられるのは、「他力」が「他人まかせ」「他人の力に頼る」といった意味に誤解されているからです。

では、「他力本願」を阿弥陀さまのはたらきと理解した場合、私の主体性はどのように認められるのでしょうか。

阿弥陀さまは、あらゆるものを救おうと南無阿弥陀仏という名号となってよび掛け、はたらかれています。それは「必ず救う、われにまかせよ」という阿弥陀さまのよび声です。そのよび掛けを聞く私たちは何もかもを阿弥陀さまにまかせて、自分自身は何もしなくてもいいということではありません。

このことを、「念仏者の生き方」では次のように述べました。

仏法を依りどころとして生きていくことで、私たちは他者の喜びを自らの喜びとし、他者の苦しみを自らの苦しみとするなど、少しでも仏さまのお心にかなう生き方を目指し、精一杯努力させていただく人間になるのです。

南無阿弥陀仏のよび声を聞くとき、私たちは自分自身の愚かさ、煩悩具足《ぼんのうぐそく》のすがたに気づかされると同時に、そのような私たちだからこそ救いたいと願われる阿弥陀さまのはたらきに気づかされます。そのとき、煩悩に縛られた考え方や価値観に従うのではなく、阿弥陀さまのお心にそった考え方や価値観へとつくり変えられていくのです。

最初に妻帯したお坊さんは親鸞聖人と聞きましたが、本当ですか？

先にご質問いただいたお坊さんは坊主頭なのかどうかと同じように、お坊さんは結婚しないものだと考えられている方もいらっしゃるかもしれません。確かに、現代においても生涯結婚されない僧侶の方は日本にもいらっしゃいますし、お坊さんは結婚しないと考えられるのは当然かもしれません。

そうした中で、親鸞聖人は日本で最初に結婚されたお坊さんだといわれることもあるようです。

まず親鸞聖人が結婚、妻帯されていたかどうかですが、恵信尼という女性と結婚され、お子さまもいらっしゃったことは確かです。

実は、結婚したかどうかという以前に、親鸞聖人という方そのものが存在しなかったのではないかという主張がされたこともありました。しかし、一九二一

（大正十）年に西本願寺の蔵から恵信尼さまのお手紙、「恵信尼消息」が見つかったことで、親鸞聖人が間違いなく実在の人物であったことや、親鸞聖人が恵信尼さまと結婚される前や親鸞聖人晩年の状況などが明らかとなりました。

恵信尼さまについて少し触れておきましょう。

恵信尼さまは、一一八二（寿永元）年生まれで、親鸞聖人より九歳年下です。恵信尼さまの父親は三善為教《みよしためのり》（為則）といわれ、越後の豪族、あるいは中央官人であったといわれています。越後の豪族であれば越後出身、中央官人であれば京都出身と考えられますが、現在でもどちらなのかはっきりとわかっていません。しかし恵信尼さまは、京都で、しかも親鸞聖人が法然聖人のもとにいらっしゃった時期に出会われ、結婚されたと考えられています。

さて親鸞聖人と恵信尼さまの結婚ですが、それは歴史的な出来事といえます。なぜなら、親鸞聖人は出家された僧侶です。一一八一（養和元）年、親鸞聖人が九歳の春、伯父の日野範綱《のりつな》にともなわれ、慈円《じえん》和尚（一一五五―一二二五）のもとで出家され、範宴《はんねん》と名のられました。出家とは、在俗の生活を捨て、受戒して僧となることを意味しますので、出家した僧侶は「戒律」を守ることが基本であり、最も基本的な戒律である「五戒」には「よこしまな性の交わり」を禁止する「不邪婬戒《ふじゃいんかい》」がありました。ですから、僧侶は結婚しないことが当然でした。

しかしながら、平安時代後期には、表面的には戒律を守っていても、実際には「妻」と呼べるような方がおられる僧侶が存在したと考えられています。つまり、「最初に公然と妻帯した」という点で、親鸞聖人の妻帯は日本仏教の歴史上、特別な出来事であったといえます。

なお、日本において仏教の全宗派で僧侶の結婚が認められるようになるのは、一八七二（明治五）年に明治政府の布達《ふたつ》がだされてからです。

公然と妻帯しないことが普通であった当時にあって、親鸞聖人が結婚された理由の一つに、法然聖人の「出家した僧侶であることによって念仏ができないならば、妻帯して念仏せよ。妻帯したために念仏ができないならば、出家した僧侶になって申せ」という言葉があったのではないかといわれています。結婚しているかどうかをはじめとして、どのような仕事を生業《なりわい》としているかということは、自分が救われるかどうかにはまったく関係ない。阿弥陀さまの救いは、ただ念仏するものを救おうとはたらいてくださるのであるから、結婚しているかどうかは関係なく、お念仏と一つになった人生かどうかが大事なのだと法然聖人は仰ったのです。

最後に、親鸞聖人と恵信尼さまとの関係をうかがえる言葉を紹介したいと思います。恵信尼さまのお手紙（「恵信尼消息」）に、恵信尼さまが見られた夢が記されています。

「あのひかりばかりにてわたらせたまふは、あれこそ法然上人《ほうねんしょうにん》にてわたらせたまへ。勢至菩薩《せいしぼさつ》にてわたらせたまふぞかし」と申《もう》せば、「さてまた、いま一体《いったい》は」と申《もう》せば、「あれは観音《かんのん》にてわたらせたまふぞかし。あれこそ善信《ぜんしん》の御房《おんぼう》（親鸞）よ」と申《もう》すとおぼえて、うちおどろきて候《そうら》ひしにこそ、夢《ゆめ》にて候《そうら》ひけりとは思《おも》ひて候《そうら》ひしか。

（『浄土真宗聖典　註釈版』八一二頁）

【訳文】

「あの光輝いているばかりでいらっしゃるのは、まさしく法然聖人でございます。それは勢至菩薩であられるに違いありません」というので、「それでは、もう一方は」と尋ねると、「あれは観音菩薩でございます。まさしく善信房（親鸞聖人）なのです」というのを聞きました。そのときハッと目が覚めて、夢であったとわかったのです。

恵信尼さまは、法然聖人が勢至菩薩、親鸞聖人が観音《かんのん》菩薩の化身（仏や菩薩が衆生のすがたをとって現れたもの）であるという夢を見られたというのです。

さらにお手紙は、恵信尼さまが夢で見た法然聖人のことだけを親鸞聖人にお尋ねし、親鸞聖人のことは伝えずに過ごしてきたと続いています。

日本において観音菩薩は、慈悲の象徴だと考えられていますので、恵信尼さまは、終生あらゆるものを慈しみ、救おうとされている観音菩薩の化身として親鸞聖人に接しておられたのでしょう。これは、親鸞聖人が念仏されているすがたを見られてのことでしょうし、恵信尼さまに接せられる親鸞聖人のおすがたからも感じられたのでしょう。

親鸞聖人と恵信尼さまが互いに敬われながら、念仏の生活を送られていたすがたを私たちも見習っていく必要があるのではないでしょうか。

浄土真宗の年間行事について教えてください。それは誰でも参加できるのですか？

西本願寺の公式ホームページ（お西さん）に「本願寺の一年」という項目がありますので、ここから主要な行事を抜き出してみます。

1月1日　元旦会・修正会《しゅしょうえ》
1月9日〜16日　御正忌報恩講《ごしょうきほうおんこう》法要
2月7日　如月忌《きさらぎき》
3月（春分の日を中心に七日間）　春季彼岸会
4月8日　花まつり（灌仏会）
4月13日〜15日　立教開宗《りっきょうかいしゅう》記念法要（春の法要）

5月20日、21日　宗祖降誕会《ごうたんえ》
8月14日、15日　盂蘭盆会《うらぼんえ》
9月（秋分の日を中心に七日間）　秋季彼岸会
10月15日、16日　龍谷会《りゅうこくえ》（大谷本廟報恩講法要）
11月22日、23日　全国門徒総追悼法要（秋の法要）
12月31日　除夜会

まずご質問にある「誰でも参加できるのか」ということですが、浄土真宗本願寺派では僧侶だけしか参加できない法要はありません。どなたでも参加できます。ですから、京都の西本願寺で行う法要だけでなく、各地の寺院で行う法要にもぜひ、お参りいただきたいと考えています。

僧侶以外の方にもお参りいただきたいというのは、仏さまの前ではすべての人々は皆、平等であるという宗祖親鸞聖人以来の私たちの一貫する思いですが、特に室町時代、浄土真宗を大きく発展させた蓮如上人は、その思いを広く伝える上で大きな功績を遺されました。蓮如上人は、浄土真宗のみ教えを伝えるために、さまざまな新しい取り組みをされますが、その一つが、一四七三（文明五）年三月に『正信偈和讃《しょうしんげわさん》』を印刷・出版されたことです。

実際に僧侶と一般の方々がともに読経を行いはじめるのはもう少しあとの時期になるのですが、『正信偈和讃』が開版されたことによって、読経は僧侶だけが行うものではなく、僧侶と一般の方々がともに読経するという形が整えられていったことは間違いありません。

西本願寺で行う法要の際には、読経する経文を記載した「経本」もお配りしていますので、ぜひともお参りいただきたいと思います。

次に、浄土真宗で最も大事にしている法要である「報恩講」について説明したいと思います。

親鸞聖人は一二六三年一月十六日（弘長二年十一月二十八日）にご往生（往生

とは、この世でのいのちを終え、阿弥陀さまの浄土に往き生まれること）されました。その三十三回忌に際し、一二九四（永仁二）年、親鸞聖人の曾孫にあたる覚如上人は『報恩講私記』を著されました。「報恩講」という言葉はここに由来します。

『報恩講私記』は『報恩講式』ともいわれ、「講式」とは、仏さまや高僧方のお徳を讃えるために書かれた文章のことをいいます。覚如上人は、親鸞聖人の三十三回忌に際して、阿弥陀さまのみ教えをお伝えくださった親鸞聖人のお徳を讃えられたのです。

また、覚如上人は、親鸞聖人のご生涯を文章と絵で交互に描いた絵巻物を作製されました。その後、文章の部分と絵の部分が分けられ、それぞれ『御伝鈔』、「御絵伝」として流布するようになり、「報恩講」では西本願寺をはじめ、浄土真宗本願寺派の各寺院に「御絵伝」が掛けられ、『御伝鈔』が拝読されています。

当初、「報恩講」は親鸞聖人の毎月のご命日にお勤めされていたようですが、先にもお名前がでました蓮如上人のころから、年に一度、祥月命日にかけて七昼夜お勤めすることになりました。

現在、西本願寺では毎月十六日のご命日とその前日には「宗祖月忌《がっき》法要」を修行し、毎年一月九日から十六日にかけて修行される「報恩講」を「御正忌報恩講」とよんでいます。「御正忌報恩講」には、全国から多くの方々が西本願寺に参拝されます。法要とあわせてさまざまな行事が催され、一月十一日から十五日の午前と午後の法要の間には聞法《もんぼう》会館で「特別講演」が、十五日夜から十六日朝までは夜通し法話を聞く「通夜布教」が行われます。

そのほか、午前の法要後には国宝の書院で「お斎《とき》」という精進料理の接待が行われ、午後の法要後の夕刻には親鸞聖人のご生涯を描いた「御絵伝」の解説が行われるなど、皆さんとともに親鸞聖人のご遺徳を偲ぶ、貴重な機会となっています。そのほか、法要期間中は「全国児童生徒作品展」（全国の幼児、小・中学生から寄せられた「絵画」「書」「作文」の展示）、「御正忌報恩講奉讃演奏会」「本山成人式」などさまざまな行事が境内各所で開催されます。

また、親鸞聖人のお誕生日に営まれる「宗祖降誕会」では、五月二十一日に全国の浄土真宗本願寺派の関係学校（宗門関係学校）の生徒たちや仏教学院の学院生が御堂に集い「宗祖降誕奉讃《ほうさん》法要（音楽法要）」が修行されます。

このほかにも、雅楽献納会、重要文化財「南能舞台」での「祝賀能」や藪内流《やぶのうちりゅう》のお点前によるお抹茶の接待が受けられる茶席が設けられるなど、さまざまな慶讃《きょうさん》行事が行われます。

「誰でも参加できる」という点に注目して、ご紹介させていただきたいのは、毎年九月十八日に、東京・国立千鳥ヶ淵戦没者墓苑で行われる「千鳥ヶ淵全戦没者追悼法要」です。

この法要は、浄土真宗本願寺派という宗門として、戦争に協力したことを反省し悲惨な戦争を再び繰り返してはならないという平和への決意を確認するための、国籍、思想、信条を超えた、全世界のすべての戦争犠牲者を追悼する法要です。

一九八一（昭和五十六）年からお勤めしています。非戦・平和への道をともに歩むための法要ですから、いろいろな方にぜひとも参拝していただきたいと思います。

浄土真宗で特に気をつけなくてはいけないことは何ですか？

ご質問は、「僧侶をはじめ、門信徒といった浄土真宗に関係ある人たちは特にどんなことに気をつけているのか」という問いだと思います。

この問いに対して、「気をつけなくてはいけない」といわれていることをいくつかご紹介します。たとえば、浄土真宗本願寺派ではお焼香の作法を次のように示しています。

右手で香を一回だけつまみ、いただかずにそのまま香炉に入れます。

（『浄土真宗　必携　み教えと歩む』三三一頁）

ここでは、「いただく」（一般にお香を額の前に持っていく行為）ことをしないことが指摘されています。そのほかにも、金封の表書きを「御霊前」と書くことはないといったことなどもあります。浄土真宗のみ教えは、浄土に往生して仏さまに成らせていただくというもので、霊魂などの実体的な存在は認めませんので、「御仏前」などと書きます。

しかし、ここではもう少し大きな視点からお答えしたいと思います。

「気をつけなくてはいけないこと」というのは、恐らく「○○しなければならない」というよりは、「○○してはいけない」といった禁止事項を念頭にされている場合が多いと思います。そして、仏教で「○○してはいけない」といえば、「戒律《かいりつ》」が思い出されるのではないでしょうか。「戒律」といいますが、本来「戒《かい》」と「律《りつ》」とは区別されています。「戒」とは、自発的に達成しようとする生活目標であり、出家者も在家者（在俗の仏教信者）も守ることが求められます。これに対して「律」とは、出家者集団（サンガ）が守る規則です。

「戒」の中で最も一般的なものが、出家者・在家者に共通する「五戒」と呼ばれるもので、次の五つが挙げられます。

一　不殺生《ふせっしょう》（生きものを殺さない）
二　不偸盗《ふちゅうとう》（盗みをしない）
三　不邪婬《ふじゃいん》（よこしまな性の交わりをしない）
四　不妄語《ふもうご》（嘘をつかない）
五　不飲酒《ふおんじゅ》（酒を飲まない）

こうした「戒」を守る生活を続けていくことが仏道の実践において重要なことは、「戒」が「定《じょう》」「慧《え》」と並んで「三学《さんがく》」の一つとして位置づけられていることからも理解できます。「定学」とは、散乱する心を静め、集中して瞑想すること、「慧学」とは、真実の智慧を得ることです。

「三学」を修めていくことがさとりを目指すうえで最も重要なことは間違いあり

ません。しかしながら、法然聖人はご自身のことを「三学非器《ひき》」、すなわち戒を保ち、禅定《ぜんじょう》を修め、智慧を得ることができる器ではないといわれています。従って、法然聖人が説かれた念仏の教え、専修念仏の教えは、三学が修められないものの教えだということです。

このことを親鸞聖人は、仏教の歴史観である三時思想より示されています。三時思想とは、お釈迦さまが入滅《にゅうめつ》されて以後、時代を経るにつれて次第に仏教が衰微していく状況を正法《しょうぼう》・像法《ぞうぼう》・末法《まっぽう》の三時代に分けたものです。『教行信証』「化身土巻」には、『末法灯明記』が引用され、次のような言葉があります。

末法《まっぽう》のなかにおいては、ただ言教《ごんきょう》のみありて行証《ぎょうしょう》なけん。もし戒法《かいほう》あらば破《は》戒《かい》あるべし。すでに戒法《かいほう》なし、いづれの戒《かい》を破《は》せんによりてか破戒《はかい》あらんや。破戒《はかい》なほなし。いかにいはんや持戒《じかい》をや。

（『浄土真宗聖典　註釈版』四二一頁）

【訳文】

末法の時代であれば、ただ仏の説かれた言葉が残っているだけで、修行する人もいなく、さとる人もいない。もし戒律があるとしても、その戒律を破ることがあるのみ。しかし、末法の時代にはすでにたもつべき戒律がないのだから、いったいどのような戒律を破ることで戒律を破ったことになろうか。戒律を破ることとすらないのに、まして戒律をたもつことなどあるはずもない。

親鸞聖人が生きられた時代は、すでに末法の時代、教えのみがあって、それを行じてさとりを開く人のいない時代であり、そもそも戒が成り立たないというのです。

つまり、浄土真宗のみ教えにおいては、「戒」という形で「〇〇してはならない」ということは存在しないのです。「〇〇してはならない」と決められたとしても、それができないもののための教えが浄土真宗のみ教えだということです。

では、何も気にせず、何をしてもいいのかといえばそうではありません。このことを「念仏者の生き方」の中で次のように述べました。

私たちは阿弥陀如来のご本願を聞かせていただくことで、自分本位にしか生きられない無明の存在であることに気づかされ、できる限り身を慎み、言葉を慎んで、少しずつでも煩悩を克服する生き方へとつくり変えられていくのです。

阿弥陀さまのみ教えを聞くことで、私たちが普段、自分本位にしか生きていないことに気づかされたのであれば、少しずつでもその生活が変わっていくのではないでしょうか。私たち一人ひとりそれぞれが、本当の自分のすがたに気づかされていく。このことを大事にしたいと思います。

お位牌は何のためにあるのですか？

お葬式では白木の板、お仏壇では漆が塗られた黒塗の板などに「○○院□□△△居士」とか「○○□□大姉」といった文字が記されている細長い板を見られたことがあると思います。その板を「位牌」、位牌に記されている文字を「戒名《かいみょう》」といいます。

一般的には「戒名」といわれることが多いと思いますが、浄土真宗では「法《ほう》名《みょう》」といっています。「戒名」とは、戒律を守り、行を修めてさとりを開こうとするものに与えられる名です。

それに対して、浄土真宗のみ教えは、阿弥陀さまのはたらきによって念仏させていただき救われるという教えであり、そのみ教えに生きるものに与えられる仏教徒としての名のりですから、「戒名」といわず「法名」といいます。「法名」は、お釈迦さまの弟子になることを表す「釋《しゃく》」の字を冠して、漢字二文字で「釋○○」といただきます。

こうした「戒名」が付された位牌が「何のためにあるのか」というご質問は、「浄土真宗では位牌を用いない」という話を聞かれたからかもしれません。そこで、用いないという理由からお答えしていきたいと思います。

位牌ですが、これは仏教ではなく儒教由来と考えられています。

儒教は、礼（儀礼）の重要性を説いていますが、中国宋代に冠婚葬祭を定めた『家礼《かれい》』が著され、死者儀礼を含めたさまざまな儀礼が普及していきました。この死者儀礼に位牌が用いられました。それは、亡くなった人の生前の官位や姓名などを記した板に「死者の霊が宿る」と考えられ、供養の対象として位牌が用いられたからです。そして、同時期に中国で発展したのが禅宗でした。

禅宗では、儀礼の次第や作法、また僧侶の日常生活まで細かく定めた「清規《しんぎ》」がつくられ、その中に『家礼』の影響を受けたお葬式の作法もありました。これによって、儒教の影響を受けたお葬式の作法が成立し、それが日本と宋代中国との間を往来した僧侶などによって、日本にも伝えられてきたのです。

特に、室町時代から江戸時代にかけては、禅宗の活動によって一般民衆の方にもお葬式の次第・作法が広まったと考えられています。そうした中で位牌とは、死者の霊が宿るという「依代《よりしろ》」としての意味を持ち、死者供養、追善供養のために用いられるようになったのです。こう考えると浄土真宗において位牌を用いないという理由も理解できるのではないでしょうか。

浄土真宗では、亡くなられた方は阿弥陀さまのはたらきによって浄土へと往生させていただき、即座に阿弥陀さまと同じさとりを開かせていただきます。これを往生即成仏といい、『教行信証』「信巻」には次のようにいわれています。

大願清浄《だいがんしょうじょう》の報土《ほうど》には品位《ほんい》階次《かいじ》をいはず、一念須臾《いちねんしゅゆ》のあひだに、すみやかに疾《と》く無上正《むじょうしょう》真道《しんどう》を超証《ちょうしょう》す、ゆゑに横超《おうちょう》といふなり。

(『浄土真宗聖典　註釈版』二五四頁)

【訳文】

偉大なる本願によって完成された清らかな浄土に生まれるには、三輩・九品といった人々の行いや能力の別を問いません。往生すると同時に、速やかにこのうえないさとりを開くから横超というのです。

三輩《さんぱい》、九品《くぼん》とは、阿弥陀さまの浄土へ往生したいと願うものを、それぞれの修行によって区別するもので、三輩には上輩《じょうはい》・中輩《ちゅうはい》・下輩《げはい》、九品には上品上生《じょうぼんじょうしょう》から下品下生《げぼんげしょう》まで九種がありますが、阿弥陀さまの浄土に生まれるには、そのような行いや能力の別を問いません。

故人は阿弥陀さまと同じさとりを開いているのですから、故人の霊が宿るための場所としての位牌は必要ないのです。浄土真宗のみ教えでは、死者は皆さとりを開いていることが、「浄土真宗では位牌を用いない」といっている理由であることを理解いただきたいと思います。

ところで、先ほど述べたように「位牌」を「故人の霊が宿る」といった意味で考えている方は少ないのではないでしょうか。そのような難しいことではなく、故人を偲ぶものとしてお考えなのではないかと思います。それは、位牌に故人のお名前（戒名）が記されているからです。

浄土真宗本願寺派では、こうした「位牌」に代わるものとして故人の法名に加え、俗名、死亡年月日を記せる「過去帳」「法名軸」を用いています。

仏教はどのようなことで社会貢献しているのでしょうか？

仏教は、いつの時代も人々の苦悩に寄り添い、寺院は公益的な役割を果たしてきました。

古くは奈良時代、仏教を信仰した光明皇后《こうみょう》は、貧しい人に施しをする「悲田《ひでん》院」や医療施設である「施薬《せやく》院」を設置して、人々の救済に努めました。

現代でも、他人に利益《りやく》をもたらす「利他行《りたぎょう》」を重要とする宗派がたくさんあります。浄土真宗では、「利他行」とはいいませんが、阿弥陀さまを依りどころにする生き方の中で、自分一人の幸せではなく、悩みをかかえた人々とともに生きていくことで、広く社会に関わってきました。

たとえば、二〇一七（平成二十九）年に東京の築地本願寺で国連の持続可能な開発目標（ＳＤＧｓ）に関し、「仏教×ＳＤＧｓ――誰一人取り残さない」をテーマにシンポジウムを開催しました。

ＳＤＧｓとは、二〇一五年九月の国連サミットにおいて採択された、二〇一六年から二〇三〇年までの国際的な目標のことです。

持続可能な社会をつくるために浄土真宗本願寺派（本願寺派）として果たしうる役割は何かを考え、従来から進めている「平和」「環境」「人権」問題の具体的な方向性を改めて検討するためにシンポジウムを開催し、学びを深めました。特にこのＳＤＧｓの掲げる「誰一人取り残さない」というスローガンは、仏さまの慈悲を想起させ、仏教と親和性があることから、いまでは全日本仏教会やさまざまな宗派がＳＤＧｓに関わる取り組みを推進しています。

本願寺派では、二〇一八（平成三十）年度からＳＤＧｓに掲げられている貧困の問題について、特に子どもの貧困解決のため、「子どもたちの笑顔のために募金」や「子ども食堂」などに取り組んでいます。

さらに、ＳＤＧｓに関わる取り組みの一環として、二〇一九年からは西本願寺や築地本願寺の境内で開催される盆踊りで使用する食器に、再利用可能なリユース食器を導入しました。築地本願寺の盆踊りは築地場外市場や地元築地との連携のもとで行われ、「日本一おいしい盆踊り」として知られています。期間中延べ八万人が訪れ、毎年何トンもの大量のプラスチック容器がゴミとして出されていましたが、それを四十パーセント減らすことができました。

また、悩みを抱えた人の相談窓口開設のほか、女性専用更生保護施設「西本願寺白光荘《びゃっこうそう》」や母子生活支援施設「本願寺ウィスタリアガーデン」を運営しています。京都府城陽市にある特別養護老人ホーム「ビハーラ本願寺」では、阿弥陀さまの慈悲に支えられていることに感謝しながら、人々の悲しみ、痛みに共感する慈愛を育むことを理念とした社会福祉活動を行っています。

また、宗派の僧侶や門徒である医師で「西本願寺医師の会」をつくり、仏教と医療の融合を目指すとともに、共通課題である「生老病死《しょうろうびょうし》」に仏教的視点で向き合うため、交流の場の提供やセミナーなどの活動を行っています。一般財団法人同和教育振興会は浄土真宗の精神に則り、「差別・被差別からの解放」を目指し、宗教と部落差別に関する調査、研究活動や反差別の啓発活動などに取り組んでいます。

「宗教教誨《きょうかい》」といわれる活動にも明治初期からの長い歴史があります。「宗教教誨」は、刑務所等の矯正施設において被収容者の方の宗教的要求に応え、更生の手助けをする活動で、これに携わる「教誨師」という僧侶がいます。

さらに、被収容者と面談して悩みや相談に応じる「篤志面接委員」、地域の中で社会復帰を支える「保護司」としても、多くの浄土真宗の僧侶や門信徒が活動を続けています。

教育や保育の面では龍谷《りゅうこく》総合学園というグループに所属する宗門関係学校が二十四学園七十二校（うち一学園〈一校〉はハワイに所在）、浄土真宗本願寺派保育連盟に所属する幼稚園や保育所、認定こども園が全国にあり、ともに「こころの教育」に励んでいます。一九五六（昭和三十一）年には「本願寺派スカウト指導者会」が設立され、活動しています。

浄土真宗本願寺派としての社会貢献にあたる事業の一部を列挙しましたが、仏教のどの宗派も、人々に寄り添う活動をさまざまに展開しています。今日の世界にはテロや武力紛争、経済格差、地球温暖化、核物質の拡散、差別を含む人権の抑圧など、国の内外で、世界規模での人類の生存に関わる困難な問題が山積しています。このような中、世界では実に多くの方々が悲しみ苦しまれているわけですから、浄土真宗の教えに生きる私たちも、ほかの人々の悲しみや苦しみに無関心ではいられないのです。

一人ひとりが、他者の喜びを自らの喜びとし、他者の苦しみを自らの苦しみとする、仏さまのお心にかなう生き方を目指し、精一杯努力する。慈悲の精神に基づく仏教の公益性・公共性は宗派の別なく、社会に向けられたものなのです。

仏教はどんな人にも救いの手を差し伸べるのですか？

――刑務所で被収容者の心のケアに尽力するのもお坊さんの役割なのでしょうか？

先に少し触れましたが、罪を犯して、刑務所や拘置所、少年院で生活している方を対象に、それぞれの教宗派が教えに基づき被収容者の改善更生をはかる「宗教教誨」という活動があります。そして、宗教教誨に従事する人を「教誨師」といいます。

全国に約二千人の教誨師がいますが、最も多いのが仏教系で約六十五パーセント、次いでキリスト教系が十四パーセント、神道系が十二パーセント、その他という割合です。浄土真宗本願寺派（本願寺派）では現在三百人を超える教誨師が活動されています。

本願寺派の宗教教誨は、一八七三（明治六）年に岐阜監獄における布教に着手したことにはじまりました。同年には滋賀、甲府、千葉、横浜、小田原、新潟、福島、和歌山、福岡、熊本などの監獄でも行われています。教誨師という名称が生まれた明治中期、教誨制度の中心的役割を果たしたのは本願寺派と、真宗大谷派の僧侶たちだったとされています。

阿弥陀さまが救いの対象とするのは、あらゆる人です。「あの人は悪い人だから仏教の救いの対象にはならない」ということはありません。一般的には、法律上の罪を犯すことは「悪」で、犯罪者でない自分は「悪」ではないと、そこに明確な線引きがあるかのように思われる方もおられると思います。しかし、社会の善悪の基準と仏教の基準とは異なることにも注意が必要です（五一頁参照）。浄土真宗の宗教教誨は、同じ阿弥陀さまの救いの対象である被収容者に対し、真剣に向き合う気持ちを大切にしながら行われています。希望者を集めて話をしたり、一人ひとりから話を聞いたり、彼岸会やお盆などの法要を通して、時間をかけて仏教のご縁を深める中で、更生への道を自ら歩めるようはたらきかけを行う、ともに仏さまの願いの中にある者として、大切な活動の一つです。

本願寺派では、「浄土真宗本願寺派矯正教化連盟」を組織しています。教誨師のほか、同じく矯正施設で活動に当たる篤志面接委員や、矯正施設職員が所属し、機関誌の発刊や研修会などを通して研鑽を図っています。

先ほど答えの中でも「悪い人」という言葉を使いましたので、浄土真宗の教えを表す大切な言葉である「悪人正機」について最後に述べておきたいと思います。

「悪人正機」の「悪人」を考えるためには、どのようなことを「悪」、あるいはどのようなことを「善」と表しているのかを考えなければなりません。一般的には、法律的な善悪、道徳的な善悪が考えられます。これらの「善悪」には、大きな問題があります。それは、時代や地域、社会などの変化によって「善悪」の基準が変わってしまうことがあるということです。

そうした変化する基準によって「悪人」を理解するならば、鎌倉時代には「悪人」だったが、現代では必ずしも「悪人」ではないということになってしまいます。「悪人正機」の「悪人」とは、そのような変化する基準に基づく「悪」ではありません。

「悪人正機」とは、阿弥陀さまが「悪」を犯すものをこそ「正《まさ》しく救いの対象（正機）」としていることをあらわしている言葉です。ですから、ここで「悪」を判断するのは、阿弥陀さまです。『歎異抄』には親鸞聖人が「何が善であり、何が悪であるのか、私はまったく知らない」と言われ、その理由は「絶対的な善悪の判断は、そのすべてを知り徹《とお》した仏さまだけがなし得ることであるから」と言われたと記されています。

本書の中でも何度も触れていますが、阿弥陀さまから見れば、自己中心的な心を離れられず、自分の都合を基準にして「善《よ》い」「悪い」という判断を繰り返している私たちこそが「悪人」なのです。だからこそ、浄土真宗の宗教教誨は、同じ阿弥陀さまの救いの対象である被収容者に対し、阿弥陀さまのお心をお伝えする気持ちを大切にしながら行われているのです。

第4章

仏さまにおまかせして生き抜くために

「南無阿弥陀仏」とか「南無妙法蓮華経」というように、「南無」がつくのは、どういう意味があるのでしょうか?

「南無」とはサンスクリット語「ナマス」という言葉の音に漢字を当てたもので、まごころをこめて帰順する、依りどころにするという意味があります。そのため、「南無阿弥陀仏」は「阿弥陀仏」を、「南無妙法蓮華経」は「妙法蓮華経」を依りどころにします、という意味になります。

読み方は、同じ浄土真宗でも、本願寺派では「なも」、真宗大谷派では「なむ」、他宗でも発音がまちまちなのは、もともとサンスクリット語の音に漢字が当てられたものだからです。

この「南無」は、江戸時代までは一般の生活でよく用いられた言葉でした。驚いたときや失敗したときの間投詞で、「南無三《なむさん》!」という言葉が文学や芝居によく出てきます。これは、「南無三宝《さんぼう》」を略したもので、もともと『仏法僧』の三宝を依りどころにします」という意味から転じたものです。

「南無」という言葉は、中国語では意味をとって「帰依《きえ》」「帰命《きみょう》」とも漢訳されました。「帰依します」という言葉を聞かれたことがありませんか。帰依や帰命もまた「真実に信順します」「おまかせします」という意味になります。

そのため、「南無阿弥陀仏」は「阿弥陀さまに帰依します」、「南無妙法蓮華経」は「法華経に帰依します」という意味になります。両者の意味は大きく異ならないようにも見えますが、実は大きな違いがあります。

親鸞聖人は、「南無阿弥陀仏」が「私たちが阿弥陀さまに帰依します」という意味だけではなく、「南無阿弥陀仏」そのものが「必ず救う、われにまかせよ」というよび声となってはたらかれている、阿弥陀さまの名のりであると仰いました。そのことを、『教行信証』「行巻」において、

「帰命《きみょう》」は本願招喚《ほんがんしょうかん》の勅命《ちょくめい》なり。

（『浄土真宗聖典　註釈版』一七〇頁）

【訳文】

「帰命」とは、わたしを招き、喚《よ》び続けておられる如来の本願の仰せである。

と示されています。ですから、「南無阿弥陀仏」という念仏は、「阿弥陀さまにおまかせします」という意味であり、同時に、阿弥陀さまのはたらき、よび声でもあるのです。親鸞聖人は、阿弥陀さまからの「必ず救う、われにまかせよ」というよび声が先にあったからこそ、私たちは阿弥陀さまを信じ、阿弥陀さまのお名前を称えるようになるのだとお示しになったのです。

これは、生まれたての赤ちゃんを囲んで親たちが、「お父さんですよ」「お母さんですよ」と呼び掛けるのと同じです。やがて子どもが大きくなり、話せるようになれば父母を「お父さん」「お母さん」と呼ぶでしょう。しかし、子どもがそう呼ぶようになるずっと前から、親たちの思いはすでに子にかけられています。同様に、私たちが「南無阿弥陀仏」と念仏する身になる前から、阿弥陀さまの願い、その慈悲のはたらきはすでに私たちにかけられているのです。

自分が阿弥陀さまから願われた身であったと気づくと、「おまかせします」の意味も違ってきます。「おまかせする」とは「信じること」ですが、親鸞聖人が教えてくださった「信」は、現代語の一般的なニュアンスとは大きく異なります。現代で「あなたを信じます」とわざわざ言葉にする場合を想像してみてください。「相手を信じたい」というこちらの願望が込められていたり、あるいは半信半疑で「信じてもいいんですね」と念押ししたりする場合などに使われることが多いかと思います。

浄土真宗では、「南無阿弥陀仏」の念仏や信心は、すべて阿弥陀さまからいただいたものだと受け取りますので、そこに自分の判断や、はからいは入りません。

この阿弥陀さまのはたらきを「他力」「他力本願」といいます（一四七頁参照）。

「他人の力をあてにすること」と誤解されやすい言葉ですが、他力は「他人の力」ではありません。「阿弥陀さまが私たちを救ってくださる願いの力」「さとりの真実にもとづいている力」です。

浄土真宗では「南無阿弥陀仏」とは、私が称えるものではありますが、それは私の力ではなく、阿弥陀さまの願いが私を通して現れて（現れ出て）くださったものだと受け止めますので、称える回数が多いとよいというわけではありません。さらにいえば、称えることのあるなしも問いません。ただ阿弥陀さまの私たちを救うという願い（本願）を、そのままに受け取る「信」が重要になります。

その「信」も、「信じよう」という私たちのはからいはかえって妨げとなるのです。阿弥陀さまが私たちを救おうとされる願いを疑うことなく、そのままおまかせする身になることが、「南無阿弥陀仏」の念仏の教えです。

お経は何のために唱えるのですか？

――お坊さん以外でも、お経を唱えたほうがいいのですか？　また、どんなお経を唱えたらよいのですか？

まず、お経についてご説明します。お釈迦さまの教えを弟子たちが記したものを経典といい、お経を唱えるとは、経典を声に出して読むことを指します。これを読経とも勤行《ごんぎょう》ともいいます。お経は、古代インドのお釈迦さまの教えが中国に伝わり、それから日本に伝わってきたため漢文で書かれていて、それを書き下すという日本の手法によってその意味を知ることができます。

では、お経は何のために唱えるのかというと、浄土真宗では、一般的にいわれる追善供養、死者の冥福を祈るためにお経は唱えません。親鸞聖人も「私は亡き父母の追善供養のために念仏したことは、かつて一度もありません」と仰いました（九七頁参照）。

お経は私たちを救ってくださる仏さまのお徳、つまり、願いとその願いのはたらきを讃える仏徳讃嘆であり、感謝の気持ちを表すために唱えるものです。私を救ってくださる仏さまのお徳を讃えることは、私への救いを実感することにもつながります。

ですから、お経を唱えるのは僧侶だけではありません。浄土真宗では、僧侶ではない信者のことを「門信徒」といいますが、お経は僧侶も門信徒も、皆さんで唱えるべきものです。実際、朝夕に自宅の仏壇の前で、必ずお経を唱えるという門信徒の方も多くおられます。

浄土真宗本願寺派の本山、京都の西本願寺では、毎年一月九日から十六日まで、親鸞聖人のご命日の法要として「御正忌報恩講法要」が修行されますが、これをはじめ、各法要の折にはご参拝の方に法要のしおりと「経本」をお配りし、皆さんと一緒にお勤めします。

本堂の正面にはお浄土を表した金色《こんじき》の内陣《ないじん》に阿弥陀さまがおられます。浄土真宗の本堂は、一般の方が座られ聴聞できる場所（外陣《げじん》）が広いのが特徴ですので、その広い本堂いっぱいにご参拝の方の勤行の声が響きます。

本堂いっぱいの荘厳《そうごん》な響きの中に自分自身を置くとき、お経は仏徳讃嘆だということの意味、また私も亡き人も、確かに阿弥陀さまの救いの中にあるのだということを実感できるでしょう。もし、お経を唱える意味がなかなか理解できないという方がいらっしゃったら、ぜひお寺の法要にご参拝ください。実体験として、お経が仏徳讃嘆だと感じることができると思います。

では、どんなお経を唱えるといいのかについてですが、これは宗派ごとの教えによって大きく違います。

たとえば浄土真宗本願寺派では、すべての人を救う阿弥陀さまの救いを説いたものとして親鸞聖人が正しく依りどころとされた『仏説無量寿経』『仏説観無量寿経』『仏説阿弥陀経』をまとめて「浄土三部経」と呼び、大切にしています。

朝夕のお勤めには『日常勤行聖典』という聖典を用いますが、ここには「正信《しょうしん》念仏偈《ねんぶつげ》」（これは親鸞聖人が書かれたものですので、厳密にはお経ではありません）や「浄土三部経」のうち『仏説無量寿経』に説かれる「讃仏偈《さんぶつげ》」「重誓偈《じゅうせいげ》」や、『仏説阿弥陀経』が収められています。

また、「『般若心経』なら全宗派共通」と思われている方がいらっしゃるようですが、浄土真宗では、自ら修行をしてこの世界でさとりを開くという自力の教えが説かれた『般若心経』は唱えません。

お経にはそれぞれ意味がありますので、同じ仏教でも、各宗派をひらかれた宗祖が、何を大切にされたかで唱えるお経も違います。ですから、たとえば皆さんのご家庭で大切にされているお経でもよいですし、ご自分の興味のあるお経をお読みいただいてもよいと思います。

極楽と浄土は同じですか？　それはどんなところですか？

「極楽」と「浄土」について、まず一点指摘しておきます。

「浄土」とは仏さま（如来）や菩薩がいらっしゃる清らかな国土のことで、仏教では薬師如来の瑠璃光浄土《るりこう》、観音菩薩の補陀落浄土《ふだらく》などさまざまな仏や菩薩の国土が説かれています。そこで、ここでは皆さんも馴染みがおありかと思いますので「浄土」を阿弥陀さまの浄土に限定させていただきます。

阿弥陀さまの浄土が「浄土三部経」でどのように説かれているのかについて、浄土真宗本願寺派総合研究所ホームページにある「『浄土真宗聖典』オンライン検索」で、「浄土」という言葉を検索してみます。そうすると、「浄土」という言葉自体は『仏説無量寿経』に一度出ているだけで、それも「阿弥陀さまの浄土」という意味では用いられていません。

これは、「阿弥陀さまの浄土」が「浄土三部経」に説かれていないということではなく、違う言葉で説かれているのです。たとえば、『仏説無量寿経』では、阿弥陀さまの前身である法蔵菩薩のあらゆる人々を救いたいという願いが、

われまさに修行《しゅぎょう》して仏国《ぶっこく》を摂取《せっしゅ》し、清浄《しょうじょう》に無量《むりょう》の妙土《みょうど》を荘厳《しょうごん》すべし。われをして世《よ》においてすみやかに正覚《しょうがく》を成《な》りて、もろもろの生死勤苦《しょうじごんく》の本《もと》を抜《ぬ》かしめたまへ

(『浄土真宗聖典　註釈版』一四頁)

【訳文】

わたしはそれにしたがって修行し、仏がたの国のすぐれたところを選び取り、この上なくうるわしい国土を清らかにととのえたいのです。この世で速やかにさとりを開かせ、人々の迷いと苦しみのもとをのぞかせてください。

と説かれており、阿弥陀さまの浄土は「妙土」といわれています。また、法蔵菩薩が願をおこし、修行され、さとりを開かれ、阿弥陀さまとなられたことを、

法蔵菩薩《ほうぞうぼさつ》、いますでに成仏《じょうぶつ》して、現《げん》に西方《さいほう》にまします。ここを去《さ》ること十万《じゅうまん》億刹《おくせつ》なり。その仏《ぶつ》の世界《せかい》をば名《な》づけて安楽《あんらく》といふ

（『浄土真宗聖典　註釈版』二八頁）

【訳文】

法蔵菩薩はすでに無量寿仏という仏となって、現に西方においでになる。その仏の国はここから十万億の国々を過ぎたところにあって、名を安楽という。

と説かれており、阿弥陀さまの浄土は、「安楽」といわれています。また、『仏説観無量寿経』『仏説阿弥陀経』では阿弥陀さまの浄土のことは、「極楽世界」「極

楽国土」などと説かれています。

つまり、「浄土三部経」では、「阿弥陀さまの浄土」を「安楽」「妙土」「極楽」などの言葉で表していたのです。「阿弥陀さまの浄土」を「浄土」という言葉で表すことは、七高僧のお一人である曇鸞大師（四七六―五四二）以降に顕著となり、中国唐代に「極楽」と「浄土」とを同じものとして扱われることが定着したといわれています。このようにして、「極楽」と「浄土」とはともに阿弥陀さまの国土を指す言葉として用いられるようになったのです。

すでに「極楽」と「浄土」は同じかというご質問にお答えしたのですが、ここで大切なことをお伝えしたいと思います。それは「言葉」にまつわる問題です。

皆さんは「言葉って難しいな」と思われた経験はありますか。たとえば、同じ言葉でも使う場面や相手によって受け取られ方が違うことがあります。

また、同じ事実をどう表現するかで、私たちの認識の仕方や物事の受け取り方が違うことがあります。コンビニエンスストアの入口や繁華街などにあるカメラを「防犯カメラ」というのか、「監視カメラ」というのかといった場合です。同じカメラであっても、前者は犯罪を防ぐためのものとしてポジティブにとらえますが、後者であれば、カメラは自分の行動を見張るネガティブなものとなります。

こうした「言葉」が持つ問題に注目するのが仏教の特徴の一つです。お釈迦さまも、さとりを開かれたあと、自分のさとりの内容を言葉で伝えることは困難だと考えられ、即座には教えを説かれませんでした。

親鸞聖人も大変「言葉」に気をつけられた方でした。阿弥陀さまの教えを偈(うた)であらわされた「正信念仏偈」も推敲《すいこう》を重ね、何度も何度も書き直されていることからも理解できます。

このことに注意して「極楽」と「浄土」に関する親鸞聖人の著作を見てみますと、「浄土」の語は頻出していますが、「極楽」は本当にわずかしか用いられていません。『教行信証』では、経典や祖師方の引用文を除けば一度だけですし、その他、親鸞聖人ご自身の言葉としてはお手紙(「親鸞聖人御消息」)に三度あるだけです。これには恐らく「言葉」にまつわる問題、すなわち同じ事柄でもどう表現するかで私たちは違ったように認識してしまうという問題が関わっています。

親鸞聖人は、「きわめて楽しい」、楽しいことばかりがある、といったような理解を避けるために「極楽」という言葉を用いられなかったと考えられるのです。

では、「浄土」といわれる世界はどのような世界なのでしょうか。『仏説阿弥陀経』には次のような言葉があります。

池《いけ》のなかの蓮華《れんげ》は、大《おお》きさ車輪《しゃりん》のごとし。青色《しょうしき》には青光《しょうこう》、黄色《おうしき》には黄光《おうこう》、赤《しゃく》色《しき》には赤光《しゃくこう》、白色《びゃくしき》には白光《びゃくこう》ありて、微妙香潔《みみょうこうけつ》なり。

(『浄土真宗聖典　註釈版』一二二頁)

【訳文】

浄土の世界では、池の中には車輪のように大きな蓮の花があって、青い花は青い光を、黄色い花は黄色い光を、赤い花は赤い光を、白い花は白い光を放ち、いずれも美しく、その香りは気高く清らかです。

青、黄、赤、白の花がそれぞれに光を放っているというのです。これだけではよくわからないかもしれません。そこで、親鸞聖人の『浄土和讃』の言葉もあわせて見てみましょう。

清風宝樹《しょうふうほうじゅ》をふくときは　いつつの音声《おんじょう》いだしつつ
宮商和《きゅうしょうわ》して自然《じねん》なり　清浄勲《しょうじょうくん》を礼《らい》すべし

（『浄土真宗聖典　註釈版』五六三頁）

【訳文】

さわやかな風が宝樹を吹きわたると、美しい五つの音が奏でられ、その響きはおのずと和して自然である。清浄勲なる仏に礼拝しよう。

浄土の清らかな風が吹くときに、樹々の枝や葉はさまざまな音色《ねいろ》を出して調和しているというのです。「さまざまな音色」とは、一オクターブを五つに分けた宮《きゅう》・商《しょう》・角《かく》・徴《ち》・羽《う》という中国古来の基本音階のことです。本来ならばその五音階が一緒に鳴ると調和せず不協和音、つまり不快な音として感じられます。しかし、浄土では五音階が調和するというのです。

私たちは普段、自分にとって損か得か、好きか嫌いか、など自己中心の心で物事をとらえています。

ですから、人が集まれば、それぞれの自己中心的な心がぶつかり合うこともしばしばです。または、誰か一人の意見や意思にほかの人が従わざるをえず、一人ひとりが個性を発揮することが困難な場合もあります。

しかしながら、『仏説阿弥陀経』や親鸞聖人がお示しになっているのは、浄土ではあらゆるものがそれぞれのままで、互いを妨げることなく存在しているということです。そのことを、先ほどの蓮華の話では、それぞれが違った色の光を放っているとたとえています。

浄土はさとりの世界であり、さとりを開くということは、損か得か、好きか嫌いかといった自己中心的な心を離れるということです。自己中心的な心を離れているから、比べて優劣をつけることもなく、ありのままの姿をそのままに見ることができるのです。そのありのままの姿を、それぞれがそのまま輝いているとも表現することができます。

仏教でいちばん大切な教えは何でしょうか？　慈悲ですか？

仏教の根本的な教えとして「三法印《さんぼういん》」があります。これは仏教が仏教であるための旗印であって「諸行無常」「諸法無我《しょほうむが》」「涅槃寂静《ねはんじゃくじょう》」の三つです。

一つ目の「諸行無常」はあらゆるものは常に変化することを意味します。この言葉自体は、『平家物語』の冒頭「祇園精舎の鐘の声、諸行無常の響あり、沙羅双樹の花の色、盛者必衰の理をあらわす」でご存じの方も多いかと思います。このような変化を、権勢をふるった者の勢いが衰えたり、咲いた花が散ったり、人間が亡くなったりという、否定的な側面を強調して理解されることが多いかもしれません。

しかし、変化するからこそ草が芽吹き、子どもが生まれ、成長するといった肯定的な側面としても理解できます。つまり、否定・肯定という受け取り方ではなく、変化していることそのものをありのままに見ていくことが「諸行無常」ということなのです。

仏教は、一切のものやことは、互いにもろもろの因縁が合わさって生じているという考え方をします。これを縁起といいます。

互いにさまざまな原因や条件が合わさって、人も、いかなるものやことも成立しているという考え方からは、私たちが通常考えている「実体」というものは否定されてきます。いかなるものやことも固定した実体のあるものではないから、常に移り変わる。刹那《せつな》（わずかな時間）もとどまることなく移りゆく。個人という存在も、連続する変化の過程のうちにある。こういう考え方が「諸行無常」です。

したがってそういうあり方からは、何ものかを「われ」とか「わがもの」として、執着するようなものは、どこにもありません。これが、二つ目の「諸法無我」ということですが、「諸法無我」は、「私がいない」ということではありません。固定した私などという存在（実体）はないということを意味しています。

私たちは、自分というものを確かなものだと思っていますが、この体も日々変化しています。久しぶりに再会した友人が太っていたり、あるいはやせていたりして驚いたことはありませんか？

そのような変化はわかりやすいものですが、パッと見ただけではわからない変化もあります。たとえば、私たちの骨も血液も内臓も、細胞単位で見れば、少しずつ入れ替わっているといえます。長い期間をかけて、すべて入れ替わるのに、それでも「私」は「私」であり、変わらない存在であるといえるでしょうか。お釈迦さまは「すべてのもの（諸法）には、永遠に変わらない実体（我）はない」ということを説かれました。

最後の「涅槃寂静」の「涅槃」はサンスクリット語「ニルヴァーナ」の音に漢字を当てたもので、「吹き消された状態」のことです。

では、何が吹き消された状態なのかというと、それは「燃えさかるような煩悩」です。私たちの苦しみの原因である煩悩が吹き消されたさとりの状態のことを「涅槃」といい、これは「寂静」、すなわち安らかで静かな境地であるという意味です。

この「三法印」が仏教の教えの基礎となります。

ご質問にある「慈悲」は、衆生の苦しみを抜こうという仏さまの憐れみの心で、智慧とならぶ仏教の基本徳目の一つですが、特に浄土真宗では阿弥陀さまから私たちに振り向けられた救いのはたらきをいいます。

お釈迦さまは、あらゆる生き物が苦しみから解放され、しあわせであれと願われました。そして、浄土真宗本願寺派が本尊とする阿弥陀さま（阿弥陀如来）も、自らさとれない私たちのことをご存じで、四十八の願いを起こされました。その十八番目の願いが、「本願」と呼ばれます。

たとひわれ仏《ぶつ》を得《え》たらんに、十方《じっぽう》の衆生《しゅじょう》、至心信楽《ししんしんぎょう》してわが国《くに》に生《しょう》ぜんと欲《おも》ひて、乃至十念《ないしじゅうねん》せん。もし生《しょう》ぜずは、正覚《しょうがく》を取《と》らじ。ただ五逆《ごぎゃく》と誹謗正法《ひほうしょうぼう》とをば除《のぞ》く。

（『浄土真宗聖典　註釈版』一八頁）

【訳文】

私が仏になるとき、すべての人々が心から信じて、私の国に生れたいと願い、わずか十回でも念仏して、もし生れることができないようなら、私は決してさとりを開きません。ただし、五逆といった重い罪を犯したり、仏の教えを謗《そし》るものだけは除かれます。

この願いを起こされたとき、阿弥陀さまは法蔵菩薩という名前で修行をされていましたので、まだ仏さま（如来）ではありませんでした。それが、十方衆生（あらゆる人々）のためにこのような願を起こし、完成されて、阿弥陀さまという仏さまになられたのです。

つまり、心からわが国（阿弥陀さまの浄土）に生まれたいと思って念仏するものは、必ず浄土に迎え取るという願いを建て、すでにその願いが完成しているので、私たちは間違いなく往生成仏でき、救われるのです。

これが阿弥陀さまから私たちに向けられた「慈悲」です。この仏さまのお慈悲と、人への施しといっても自己中心の心にとらわれた私たちの不完全で一貫しない行為を同じにはできませんが、それでも、仏さまの「慈悲」にならって、そのまねごとだけでもいいから、そのお心に沿うような行為は生き方として大切にしていくべきでしょう。

煩悩とは、どんなものですか？　百八つあるのですか？

煩悩とは、仏教で苦しみの原因とされるものです。私たちの苦しみは、煩悩が、あるがままの真理を、あるがままに観《み》ることを妨げることで生じると説かれています。日本では、年末の夜半、百八回鐘をつく除夜の鐘の風習がありますので、煩悩は百八あると思っている方もいらっしゃることでしょう。百八という数は、煩悩の種類が多いことを示すための数であるとも、煩悩の分類によるものともいわれています。

煩悩の代表とされるものが、貪《むさぼ》り（貪欲《とんよく》）、怒り（瞋恚《しんに》）、愚かさ（愚痴《ぐち》）で、「三毒の煩悩」と呼ばれます。貪りは「好ましいものへの執着」、怒りは「好ましくないものへの嫌悪」、愚かさは「真理や正しい道を知らないこと」を指します。これ

数年前からでしょうか、「断捨離《だんしやり》」という言葉を聞くようになりました。これ

には、「断（不必要なものを断つ）」、「捨（不必要なものを捨てる）」、「離（執着を捨てる）」という意味があるそうです。単純に「捨てる」ことだけを意味しているのではなく、「執着」を問題にしていることは、仏教が説く「煩悩」の問題ともつながる部分があるように思います。

では、煩悩とは具体的にはどのようなものなのでしょうか。『仏説無量寿経』には次のような言葉があります。

田《た》あれば田《た》に憂《うれ》へ、宅《いえ》あれば宅《いえ》に憂《うれ》ふ。……田《た》なければ、また憂《うれ》へて田《た》あらんことを欲《おも》ふ。宅《いえ》なければまた憂《うれ》へて宅《いえ》あらんことを欲《おも》ふ。

（『浄土真宗聖典　註釈版』五四頁）

【訳文】

田があれば田に悩み、家があれば家に悩む。……田がなければ田が欲しいと悩み、家がなければ家が欲しいと悩む。

たとえば「お金がない、家がない、財産がない」といって人は嘆きますが、あればあるで、「誰かに奪われるのではないか、事故や災害ですべてを失うのではないか」と心安まる間もありません。また、人に比べて「まだまだ足りない」と嘆くのです。人間は煩悩にとらわれ、ひとときも清らかな心を保つことができないというのはこのためです。

しかし、あるがままの真理は「諸行無常（すべてのものは変化する）」、「諸法無我（すべてのものに固定した実体はない）」です。変化しない固定した実体がないにもかかわらず、物事（モノやコト）にとらわれ、有るとか無いとかと思い誤ることで、私たちが苦悩しているのは愚かなことだと仏教は教えます。『ダンマパダ』には次のように書かれています。

「わたしには子がある。わたしには財がある」と思って愚かな者は悩む。しかしすでに自己が自分のものではない。ましてどうして子が自分のものであろうか。どうして財が自分のものであろうか。

（『ブッダの真理のことば　感興のことば』一九頁）

現にこの私すら変化している。固定した実体のない存在なのだという仏教の真理観からは、「わがもの」として何かを所有しているなどという考え方は、本来生じるはずのないことなのです。

しかし、煩悩をなくし、何ものにもとらわれず、真理を知り、真実を観る。常に真実とともにある。それがいかに難しいか、私たちの日常がいかに仏教のさとりからかけ離れたものであるか、それは真剣にさとりを求めようとすればするほど痛感されてくることでしょう。

ですから親鸞聖人は自らも含め、私たちのことを煩悩具足の身であるといわれました。そして、「生死出づべき道」については、阿弥陀さまの救いにすべてをおまかせされたのです。

仏教でよく聞く「少欲知足」「和顔愛語」について教えてください。

「少欲知足《しょうよくちそく》」と「和顔愛語《わげんあいご》」は、どちらも『仏説無量寿経』に、阿弥陀さまが法蔵菩薩として行を修められていることが説かれているところに出ている言葉です。

この言葉を、私は「念仏者の生き方」において、本願を聞かせていただいた私たちの生き方として取り上げました。

「少欲知足」は、「欲少なくて足るを知る」、むさぼりの欲に振りまわされず足るを知って満足するということで、際限のない人間の欲望をいさめた言葉として理解できるでしょう。

現代社会は科学技術が進歩し、世の中はめまぐるしい勢いで変化しています。私たちの生活も一昔前と比べて驚くほど便利になりました。蛇口をひねれば水が出ます。夜でも煌々と輝く明かりがあります。遠方に出かけるにも、徒歩以外にも車や電車などいろいろな方法があり、労力や時間も短縮できるようになりました。通信手段も驚くほど進歩し、いまも進化を続けています。

けれども同時に、少しの不具合で不寛容になります。乗り物が少しでも遅れるとイライラする。友人に送ったＬＩＮＥがすぐに既読にならないと、嫌われたのではないかと落ち込む。しかしそれは、自分が求める結果がすぐに得られるということを、当たり前のことと考えることから起こる自己中心的な心の動きにほかなりません。

元来、「ありがとう」は有ることが難し、つまり「めったにない」「めずらしい」ことを意味する言葉でした。「少欲知足」は、いまあるものに「ありがとう」といって生きる生き方のことです。生活の便利さ、豊かさだけを優先し、自然環境を破壊してしまっては、持続可能な社会をつくることはできません。

次に、「和顔愛語」は、なごやかな顔と優しい言葉を大切にするという生き方として理解できるでしょう。「和の精神」は、日本に仏教をひろめられた聖徳太子が「和をもって貴しとなす」といわれたように、大切な精神の一つで、日本における伝統仏教の連合組織・全日本仏教会も「仏陀の和の精神」を基調に、世界平和に寄与することを目的としています。

こんなに生活が苦しいのに、人間関係が良好ではないのに、心が塞いでいるのに、どうしてなごやかな顔や優しい言葉が出るだろうか、という方もいらっしゃるかと思います。

『ダンマパダ』に次のような言葉があります。

実にこの世においては、怨みに報いるに怨みを以てしたならば、ついに怨みの息《や》むことがない。怨みをすててこそ息む。これは永遠の真理である。

（『ブッダの真理のことば　感興のことば』一〇頁）

誰かを怨み、怨まれる気持ちは連鎖します。憎いという気持ちをそのまま相手に向ければ、相手からも憎まれます。そうした怨み、憎しみの気持ちが続いていけば、その気持ちはやがて肥大化してしまい、コントロールが利かなくなり、争いを引き起こしてしまうことでしょう。ですから、まずは怨みの連鎖を嫌だと自覚することからはじめてみましょう。

人は皆、つながりの中で生きています。

昔の人は「おかげさま」とか「お互いさま」という言葉を大切にしました。よいことがあったときには「おかげさま」と相手に感謝し、困ったときには「お互いさま」と苦労を分かちあってきました。それは「怨み」や「憎しみ」でつくられた「つながり」ではありません。「少欲知足」「和顔愛語」で示されるような、自己中心的な心を離れた生き方を少しずつでも目指していくことで、「おかげさま」「お互いさま」というあたたかな気持ちによる「つながり」がつくられていくのではないでしょうか。

同じ仏教なのに、宗派が分かれているのはなぜですか？

仏教とは、いまからおよそ二千五百年前に、お釈迦さま（釈尊）が説かれた教えです。お釈迦さまのことを「ブッダ」とも呼びますが、「ブッダ」はサンスクリット語で「目覚めた人」という意味で、この世の真理であるダルマ、すなわち「法」をさとった人のことをいいます。

仏教がインドから中国に伝わると、「ブッダ」は、「仏（佛）」「仏陀」と漢訳されました。つまり仏教とは、この世界と人間のあり方に関する真理をさとり、私たちに「生老病死」をはじめとする人間の苦悩を超えて生きていく道を教えてくれる「ブッダの教え」のことなのです。

お釈迦さまがさとられた「この世界と私たち人間のありのままの真実」を求めようと、これまで多くの僧侶が仏道修行に励んできました。その道筋が違うために仏教には多数の宗派があるのです。

現代でいうと、同じ目的地に向かうにしても、海路、空路、陸路があり、陸路でも徒歩や車、電車など、いろいろな方法があるのと同じようなものです。目的地に到達するのに、歩くのに自信がある人なら徒歩でも可能かもしれませんが、自信のない人は乗り物を使って到達しようとするでしょう。その場合でも、飛行機が苦手な人は船を選び、船酔いする人は車を選ぶというように選択肢は多いほうがいいでしょう。

つまり、多くの宗派があるほうが、より多くの人を仏教のさとりに導くことができるのです。

天台宗の伝教大師最澄は、このことを「鳥を捕る網」にたとえられました。最澄が天台宗を開いた当時、各宗派は一年に僧侶になれる人数を朝廷によって決められていたため、既存の宗派に加え、天台宗からも僧侶になることを認めてもらうよう願い出ました。このとき「鳥を捕らえるのは実際には一目の網であっても、一目の網だけを用意しても鳥を捕らえることはできない」」、つまり、多くの宗派があってこそ、仏法をあまねく広めることができるのだと、『摩訶止観《まかしかん》』という書物に出てくるたとえを用いて主張されています。

では、仏道を歩む人々が目指している到達点である「お釈迦さまのさとり」とはどのようなものなのでしょうか。

お釈迦さまがさとられたのは、誰もが「生まれること」「老いゆくこと」「病にかかること」「死ぬこと」という四つの苦（四苦）に代表される、人間であれば誰もが逃れることができないような苦を超越する道でした。

お釈迦さまは、もともとゴータマ・シッダッタというお名前の釈迦族の王子としてインドにお生まれになりましたが、苦悩から解放され、本当に自由になれる道を求めて、王子の位を捨て、六年間の厳しい苦行に励まれました。その後、苦行では苦悩から逃れられないことに気づかれ、菩提樹下で瞑想し、ついに苦悩を根本的に解決されました。これを解脱といいます。「仏教」とは、このお釈迦さまがさとられた解脱への道が説かれたものです。

仏教の各宗派の祖師たちも、お釈迦さまと同じように苦悩を超える道をそれぞれに真摯に求められました。

日本にも多くの仏教宗派があり、たとえば現在五十九の宗派が、全日本仏教会に登録されています。現在、このように多くの宗派があるのは、それぞれの宗祖方が身をもって実践し、それを先人たちが受け継ぎ、脈々と私たちにまでつないでくださったからなのです。

浄土真宗も、鎌倉時代の初期に親鸞聖人によって開かれました。二〇二三(令和五)年には聖人のご誕生八百五十年、その翌年には浄土真宗の教えを開かれて八百年という節目の年を迎えます。親鸞聖人は、お釈迦さまがお説きになった、阿弥陀さまのはたらきによって愚かなままに真実の信心一つで救われる教え、阿弥陀さまの本願による救いこそが真実の教えだとして、このことを浄土真宗といわれています。

ところで、本書をお読みいただいているあなたが抱えている苦悩は何でしょうか。仏教はいまも昔も、人々の生きる依りどころとなる教えです。いま、「共生」や「多様性」が社会全体の大きなテーマとなっています。

このテーマに対して「あるがままの真実」を説いてきた仏教の知見や価値観、仏教界の活動は大きく貢献できることがあります。また、同じテーマのもとで仏教界がほかの領域の方々とともに活動することで、新たな学びもあると思います。そのためには、仏教各宗派が協力し、仏教の教えをわかりやすく、的確にお伝えすることが必要であり、それによって人々がともに響き合う、持続可能な方向へと社会を向かわせていかなければならないと思っています。

日本では仏教を信じている人が多いと思いますが、浄土真宗はほかの国ではどうなのでしょうか？

お釈迦さまがさとられた真理は普遍性を持っていたので、仏教は国や時代を超えて広まったのです。たとえば、仏教の中でも「禅」の実践は、アップル社を創業したスティーブ・ジョブズ氏をはじめ、多くのグローバルリーダーに支持されています。

浄土真宗本願寺派（本願寺派）には、現在、海外の十七の国や地域に拠点があります。各国の寺院や拠点では、聴聞や仏教の講義などが行われ、アメリカ、カナダ、ブラジルなどでは、日曜礼拝や日曜学校も盛んです。そのような集まりへの参加や、仏教徒としての社会活動などを通して、仏教や浄土真宗への理解を深められ、僧侶となられる方もおられます。海外伝道に携わる「開教使」という僧侶を中心に、多くの僧侶や門信徒の方々が、世界中で浄土真宗の教えを広めています。

本願寺派が海外を視野に入れたのは、明治時代の幕開けのころで、多くの若い僧侶が知見を広げるため、ヨーロッパなどに派遣されました。仏教の近代化をはかるための視察が目的でしたが、当初、明治政府の欧米諸国派遣、岩倉具視、木戸孝允、大久保利通、伊藤博文らの岩倉使節団に同行する計画もあったようです。教えを伝える活動は、一八八六（明治十九）年ウラジオストックに派遣された僧侶が在留邦人に布教したのが最初だといわれています。

意外なことと受け止められるかもしれませんが、本願寺派の海外での活動は近代日本の黎明と同時にはじまって長い歴史をもっています。

本願寺派では「北米開教区」と呼んでいる、アメリカ大陸部での伝道は、一八九九（明治三十二）年からの歴史があります。

第二次世界大戦の最中には、特に日本人移民や日系人の方々は強制収容所に収容されました。そんな経験をされた方の中には、収容所にあった「仏教会」と呼ばれる寺院に通われ、「浄土真宗の教えだけが生きる依りどころだった」「仏教会が安心できる居場所だった」と語られる方もおられます。強制移住前のわずかな時間に、仏壇を友人宅に預けたり、地中に埋めて隠したりしてご苦労された話を伺うと、真摯に教えを求められるすがたに心を打たれるものがあります。

一方、近年になって寺院が建てられ、新たな拠点がつくられた国にネパールがあります。当地では、福祉事業を行う傍ら研修施設をつくり、青少年向けに仏教を広める活動を行っていた日本のご門徒の尽力をきっかけに、浄土真宗の教えが広まりました。さらに広く人々に浄土真宗の教えを伝えたいとの願いから寺院の建立が目指され、現地から僧侶となる方が現れて伝道活動の担い手となり、多くの支援を受け建てられた「カトマンズ本願寺」にはたくさんの若者が集っています。

二〇一九（令和元）年にはサンフランシスコに、浄土真宗インターナショナルオフィス（JSIO）を開所しました。国や地域ごとに、これまでも、さまざまな活動を行ってきましたが、さらに広く仏教や浄土真宗の教えを学びたいという方の気持ちに応えるため、通信教育の充実や、浄土真宗の価値観を発信する雑誌の刊行などの出版事業、ウェブサイトでの発信など、より多くの方へ、教えを広めるための展開をはかっていきたいと考えています。

昨秋には、オレゴン仏教会、シアトル別院（地区の拠点となる寺院）、ロサンゼルス別院で帰敬式《ききょうしき》（阿弥陀如来・親鸞聖人の御前で浄土真宗の教えをいただく者としての自覚をあらたにし、お念仏申す日暮らしを送ることを誓う儀式）が行われ、二百一人の方が法名をいただかれました。

仏教や浄土真宗の教えが、国や時代を超えて普遍的であるからこそ、世界中に広まり、人々の人生の灯火となるのだと思います。

お釈迦さま、お薬師さま、阿弥陀さまなど、仏さまはたくさんいますが、どの仏さまにお参りするのがよいのですか？

確かに仏教には多くの仏さまがいらっしゃいます。それから観音菩薩や弥勒《みろく》菩薩といった菩薩さまや、本地垂迹説《ほんじすいじゃくせつ》などの神仏習合によって仏教に取り込まれた日本古来の神々まで含めれば、本当に多くの仏さま、神さまがいらっしゃいます。

最近では、寺院巡りや御朱印集めが多くの方々の間で流行しているようですが、寺院で仏さまと向き合われるとき、皆さんはどのようなことを思い、お参りなさっているのでしょうか。

たとえば、「この寺院にご安置されている仏さまは『国宝』になっているからすばらしいのだろう」「日本史の授業でお馴染みの運慶・快慶の作だからすごいのだろう」などと思われているかもしれません。反対に、「こんなに古い木彫りの仏さまのどこがすごいのか」などと思われる方もいらっしゃるかもしれません。「国宝」や「重要文化財」といった価値も一つの判断基準だと思います。しかし、もしその判断基準が歴史的遺産としてだけすばらしいというのであれば、それは仏像や菩薩像を「物」として見ているだけになります。ぜひ、それとは違った見方もしていただきたいと思います。

浄土真宗本願寺派の本山である西本願寺、あるいは全国各地の浄土真宗の寺院には本尊である阿弥陀さまが本堂の中心にいらっしゃいます。阿弥陀さまは、私たちをこそ救いたいと願いを起こされました。その「私たち」とは、「自分の力ではさとれない私たち」です。「自分の力ではさとれない」のは、煩悩、愚かさがあるからです。この煩悩によって、苦しみが起こります。

仏教では、どのような人であっても避けることができない苦しみを「四苦八苦」という言葉で表現しました。「生まれること」「老いること」「病にかかること」「死ぬこと」を「四苦」といい、これに「愛しい人と別れること（愛別離苦）」「憎い者と会うこと（怨憎会苦《おんぞうえく》）」「欲しいものが得られないこと（求不得苦《ぐふとくく》）」と、「人間の心身の苦しみ（五蘊盛苦《ごうんじょうく》）」を加えて「八苦」といいます。

この苦しみを生みだす煩悩を、いつまでもなくすことができないために、私たちはさとりを開くことができないのです。阿弥陀さまは、このような私たちをこそ救いたいと願われたのです。

阿弥陀さまの願いは、「煩悩具足の私たちを、そのままで救う」という願いです。この願いは、さとりの真実に基づく慈悲のはたらきです。ですから、厳しい修行ができたら、身も心も清らかになったら、または、勉強ができたら、仕事ができたら、という何らかの条件がつくのではありません。

「必ず救う、われにまかせよ」と、私たちを「そのままで救う」とはたらかれているのです。そのよび声が「南無阿弥陀仏」の名号です。ですから、私たちが「南無阿弥陀仏」と称えるその「南無阿弥陀仏」が、そのまま阿弥陀さまのはたらきでもあるのです。

さて、ここで本尊の話に戻ります。皆さんは、浄土真宗本願寺派の寺院の本尊の特徴をご存じでしょうか。

なかなか間近で見る機会はないでしょうから、お気づきの方も少ないかもしれませんが、本尊である阿弥陀如来像は、立ち姿で、少し前傾姿勢になっておられます。これは、阿弥陀さまが私たちを救うといいますでにはたらかれているすがたを表しているのです。いまにも私たちのところへ赴かれようとされているすがたなのです。

ご質問には、「どの仏さまにお参りするのがいいか」とありました。いま、浄土真宗の立場からご本尊である阿弥陀さまについてお話ししてきましたが、宗派によってご本尊とする仏さまは違い、その仏さまのおはたらきも違ってきます。ご自身が必要とされる仏さまにお参り、参拝されるのがよいと思いますが、ここでは、親鸞聖人がなぜ阿弥陀さまだけを参拝、すなわち礼拝《らいはい》の対象とされたのか述べたいと思います。

なお、礼拝とは私たちが阿弥陀さまのお徳をたたえ、敬う気持ちが行為・形となって外に現われ出たものですが、この敬う気持ちとは、先に申しました「必ず救う、われにまかせよ」という阿弥陀さまの仰せ、勅命に従うこと、それは阿弥陀さまのはたらきを疑わず、信じておまかせすること、すなわち「信心」と同じ意味にほかなりません。ですから、浄土真宗では一般にいう「礼拝」を、特に「帰命」（帰順勅命の意味）という言葉で表現します。

親鸞聖人は、迷いの世界から抜け出ることができない「煩悩具足」の私をこそ救おうと、はたらき続けている阿弥陀さまに出遇われたからこそ、阿弥陀さまに「帰命」されました。ですから、親鸞聖人は、「どうか救ってください」というようなお願いする心持ちからではなく、あらゆるものを摂め取って決して捨てないという、阿弥陀さまの摂取不捨のはたらきに対する安心感、それにすべてをおまかせする気持ちで「帰命」されたのです。

〈引用文献〉

『浄土真宗聖典（註釈版）第二版』浄土真宗本願寺派総合研究所編纂　本願寺出版社・2004年
『ブッダの真理のことば　感興のことば』中村元訳　岩波文庫・1978年
「念仏者の生き方」（伝灯奉告法要初日の親教・2016年　浄土真宗本願寺派ホームページに掲載）
『浄土真宗 必携　み教えと歩む』浄土真宗必携編集委員会編　本願寺出版社・2012年（第二版）

〈参考文献〉

【訳文】聖典の訳文は、左記の書籍を参考に掲載しています。

「浄土真宗聖典現代語版シリーズ」浄土真宗本願寺派総合研究所ほか編・本願寺出版社
『浄土真宗聖典　浄土三部経（現代語版）』1996年
『浄土真宗聖典　歎異抄（現代語版）』1998年
『浄土真宗聖典　顕浄土真実教行証文類（現代語版）』2000年
『浄土真宗聖典　一念多念文意（現代語版）』2001年
『浄土真宗聖典　親鸞聖人御消息　恵信尼消息（現代語版）』2007年
『浄土真宗聖典　三帖和讃（現代語版）』2016年
『増補改訂　本願寺史』本願寺史料研究所編纂　本願寺出版社・2010年（第一巻）・2019年（第三巻）ほか

〈著者プロフィール〉
大谷光淳（おおたに・こうじゅん）
1977年、京都市生まれ。浄土真宗本願寺派（本山・本願寺）第25代門主、本願寺住職。法名は釋専如（しゃく・せんにょ）。第24代門主大谷光真（釋即如）の長男として生まれ、2000年、法政大学法学部卒業。2005年龍谷大学大学院文学研究科博士課程単位取得。龍谷大学文学部非常勤講師、中央仏教学院講師を経て、2008年、本願寺築地別院副住職。2014年6月、法統を継承し門主、本願寺住職となる。2010年よりボーイスカウト日本連盟特別顧問、2017年より全国教誨師連盟総裁、2020年より全日本仏教会会長。著書に『ありのままに、ひたむきに―不安な今を生きる』（PHP研究所）がある。

令和版 仏の教え
阿弥陀さまにおまかせして生きる

2020年10月20日　第1刷発行

著　者　大谷光淳
発行人　見城 徹
編集人　福島広司
編集者　鈴木恵美

GENTOSHA

発行所　株式会社 幻冬舎
〒151-0051　東京都渋谷区千駄ヶ谷4-9-7

電話　03(5411)6211(編集)
03(5411)6222(営業)
振替　00120-8-767643
印刷・製本所　錦明印刷株式会社

検印廃止

Printed in Japan
ISBN978-4-344-03691-8　C0095
幻冬舎ホームページアドレス　https://www.gentosha.co.jp/

この本に関するご意見・ご感想をメールでお寄せいただく場合は、
comment@gentosha.co.jpまで。